**Educação física adaptada**

**EDITORA intersaberes**

O selo DIALÓGICA da Editora InterSaberes faz referência às publicações que privilegiam uma linguagem na qual o autor dialoga com o leitor por meio de recursos textuais e visuais, o que torna o conteúdo muito mais dinâmico. São livros que criam um ambiente de interação com o leitor – seu universo cultural, social e de elaboração de conhecimentos –, possibilitando um real processo de interlocução para que a comunicação se efetive.

# Educação física adaptada

Maria de Fátima Fernandes Vara
Ruth Eugênia Cidade

**EDITORA intersaberes**

Rua Clara Vendramin, 58 • Mossunguê • CEP 81200-170 • Curitiba • PR • Brasil
Fone: (41) 2106-4170 • www.intersaberes.com • editora@editoraintersaberes.com.br

**Conselho editorial**
Dr. Ivo José Both (presidente)
Dr.ª Elena Godoy
Dr. Neri dos Santos
Dr. Ulf Gregor Baranow

**Editora-chefe**
Lindsay Azambuja

**Gerente editorial**
Ariadne Nunes Wenger

**Assistente editorial**
Daniela Viroli Pereira Pinto

**Preparação de originais**
Gustavo Piratello de Castro

**Edição de texto**
Palavra do editor
Caroline Rabelo Gomes

**Capa**
Laís Galvão (design)
B Wright/Shutterstock (imagem)

**Projeto gráfico**
Luana Machado Amaro

**Diagramação**
Luana Machado Amaro

**Equipe de design**
Luana Machado Amaro
Iná Trigo

**Iconografia**
Sandra Lopis da Silveira
Regina Claudia Cruz Prestes

---

**Dados Internacionais de Catalogação na Publicação (CIP)**
**(Câmara Brasileira do Livro, SP, Brasil)**

Vara, Maria de Fátima Fernandes

Educação física adaptada/Maria de Fátima Fernandes Vara, Ruth Eugênia Cidade. Curitiba: Editora InterSaberes, 2021. (Série corpo em movimento)

Bibliografia.
ISBN 978-65-5517-764-0

1. Educação física para pessoas com deficiência 2. Educação física para pessoas com deficiência – História 3. Educação inclusiva 4. Esportes para pessoas com deficiência 5. Prática pedagógica I. Cidade, Ruth Eugênia. II. Título. III. Série.

20-42551 CDD-613.7087

**Índices para catálogo sistemático:**

1. Pessoas com deficiência física: Educação física adaptada  613.7087

Cibele Maria Dias – Bibliotecária – CRB-8/9427

---

1ª edição, 2021.

Foi feito o depósito legal.

Informamos que é de inteira responsabilidade das autoras a emissão de conceitos.

Nenhuma parte desta publicação poderá ser reproduzida por qualquer meio ou forma sem a prévia autorização da Editora InterSaberes.

A violação dos direitos autorais é crime estabelecido na Lei n. 9.610/1998 e punido pelo art. 184 do Código Penal.

# Sumário

Apresentação • 13
Como aproveitar ao máximo este livro • 15

**Capítulo 1**
*Educação física adaptada e processo de inclusão educacional • 21*

1.1 Educação física adaptada: apontamentos históricos, fundamentos e terminologia • 24
1.2 Apontamentos históricos e fundamentos que envolvem as pessoas com deficiência • 30
1.3 Inclusão educacional e educação física na escola • 35
1.4 Planejamento e avaliação de programas de treinamento, de *personal trainer* e de recreação para pessoas com deficiência • 43
1.5 Paradesporto e educação paralímpica • 50

**Capítulo 2**
*Deficiências sensoriais • 85*

2.1 Deficiência visual: apontamentos conceituais, causas e classificação • 88
2.2 Deficiência auditiva: apontamentos conceituais, causas e classificação • 99
2.3 Surdocegueira • 104

### Capítulo 3
Deficiência intelectual, TDAH e transtorno do espectro autista • 113

3.1 Deficiência intelectual: apontamentos conceituais, causas e sugestões de atividades e organização do trabalho • 116
3.2 Síndromes • 124
3.3 TDAH: apontamentos conceituais e causas • 127
3.4 Transtorno do espectro autista: apontamentos conceituais e causas • 130

### Capítulo 4
Deficiência física e atividade física/exercício físico • 139

4.1 Lesão medular • 143
4.2 Adaptação de programas de recreação e de aulas de educação física para alunos com lesão medular • 150
4.3 Adaptação de programas de treinamento e de *personal trainer* para crianças com lesão medular • 162
4.4 Paralisia cerebral, traumatismo cranioencefálico e acidente vascular encefálico • 179

### Capítulo 5
Deficiência física e atividade física adaptada • 199

5.1 Adaptação de programas de treinamento, de *personal trainer*, de recreação e de aulas de educação física para alunos com amputação de membros superiores • 202
5.2 Adaptação de programas de treinamento, de *personal trainer*, de recreação e de aulas de educação física para alunos com amputação de membros inferiores • 206
5.3 Adaptação de programas de treinamento, de *personal trainer*, de recreação e de aulas de educação física para alunos com espinha bífida e hidrocefalia • 210

5.4 Adaptação de programas de treinamento, de *personal trainer*, de recreação e de aulas de educação física para alunos com baixa estatura • 216

5.5 Adaptação de programas de treinamento, de *personal trainer*, de recreação e de aulas de educação física para alunos com má-formação congênita • 219

**Capítulo 6**
*Outras manifestações na educação física adaptada* • 225

6.1 Esporte de aventura adaptado • 228
6.2 Tecnologia e inovação para pessoas com deficiência física • 238
6.3 Tecnologia e inovação para pessoas com deficiência intelectual, visual e auditiva • 242
6.4 Uso de material reciclável nas aulas de educação física adaptada • 246
6.5 Projetos como ferramentas de desenvolvimento do paradesporto • 251

Considerações finais • 261
Referências • 263
Bibliografia comentada • 279
Respostas • 281
Sobre as autoras • 283

Dedicamos este livro às nossas
famílias, em particular aos nossos
filhos, maior bênção de todas,
e aos nossos amigos, pois são todos
especiais, cada um do seu jeito.

Agradecemos a Deus pela vida, pelas oportunidades aproveitadas e pelos desafios vencidos.

# Apresentação

A expressão *educação física adaptada* surgiu nos anos 1950, nos Estados Unidos, e designa um corpo de conhecimento multidisciplinar e uma base teórica para pesquisas e estudos de estratégias de trabalho e de promoção de atividades físicas para pessoas com condições diferentes e peculiares, mais conhecidas como *necessidades especiais*. Outras nomenclaturas ligadas às práticas pedagógicas foram aparecendo para fazer referência a esse conjunto de ações e programas, como *educação física especial, educação física desenvolvimentista, ginástica escolar especial* e *educação física adaptada*. No Brasil, a Escola de Motricidade de Lisboa influenciou a área com a adoção da terminologia *atividade motora adaptada*, para designar a atuação profissional no universo das pessoas com necessidades especiais.

O foco da atuação profissional na área da educação física adaptada é a aplicação e o desenvolvimento de práticas presentes na cultura corporal de movimento, como ginástica, luta, dança, jogos, atividades circenses e de aventura e esporte. A área é dinâmica e, nos últimos 25 anos, sofreu muitas transformações, passando de um modelo predominantemente médico para um padrão que considera as questões pedagógicas como base de planejamento e de execução para os programas aplicados atualmente. Em vez de dar atenção exclusiva à deficiência e a outros tipos de necessidades especiais, os programas passaram a enfatizar as diferenças individuais e os desdobramentos da interação delas com o meio ambiente.

Nesse sentido, esta obra se destina a todos aqueles que desejam iniciar os estudos no universo da educação física adaptada. A abordagem assumida ao longo do texto é de caráter introdutório, com o propósito de apresentar alguns tópicos da área e, ao mesmo tempo, incentivar a busca de conhecimento aprofundado sobre os assuntos discutidos.

Assim, no Capítulo 1, abordaremos o conceito de educação física adaptada e o processo de inclusão educacional. No Capítulo 2, versaremos sobre as deficiências sensoriais. Trataremos de alguns dos aspectos relacionados à deficiência intelectual, ao déficit de atenção e ao transtorno do espectro autista no Capítulo 3.

No Capítulo 4, nosso foco de atenção será a deficiência física, com ênfase em fatores como espinha bífida, amputação, baixa estatura e má formação congênita. Por fim, no Capítulo 6, analisaremos o esporte de aventura adaptado e mostraremos algumas tecnologias inovadoras aplicadas à área.

Com este livro, esperamos despertar em você, leitor, a vontade de descobrir novas formas de ensinar, bem como de explorar e valorizar a possibilidade e o potencial de cada aluno, de maneira que a diferença seja a motivação para novas oportunidades de aprendizado.

Bom estudo!

# Como aproveitar ao máximo este livro

Empregamos nesta obra recursos que visam enriquecer seu aprendizado, facilitar a compreensão dos conteúdos e tornar a leitura mais dinâmica. Conheça a seguir cada uma dessas ferramentas e saiba como elas estão distribuídas no decorrer deste livro para bem aproveitá-las.

## Introdução do capítulo

Logo na abertura do capítulo, você é informado a respeito dos conteúdos que nele serão abordados, bem como dos objetivos que o autor pretende alcançar.

## Para saber mais

Sugerimos a leitura de diferentes conteúdos digitais e impressos para que você aprofunde sua aprendizagem e siga buscando conhecimento.

## Importante!

Algumas das informações mais importantes da obra aparecem nestes boxes. Aproveite para fazer sua própria reflexão sobre os conteúdos apresentados.

## Mãos à obra

Nesta seção, propomos atividades práticas com o propósito de estender os conhecimentos assimilados no estudo do capítulo, transpondo os limites da teoria.

## Curiosidade

Nestes boxes, apresentamos informações complementares e interessantes relacionadas aos assuntos expostos no capítulo.

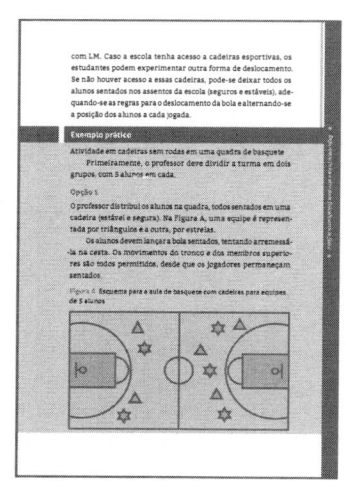

# Exemplo prático

Nesta seção, articulamos os tópicos em pauta a acontecimentos históricos, casos reais e situações do cotidiano a fim de que você perceba como os conhecimentos adquiridos são aplicados na prática e como podem auxiliar na compreensão da realidade.

# Síntese

Ao final de cada capítulo, relacionamos as principais informações nele abordadas a fim de que você avalie as conclusões a que chegou, confirmando-as ou redefinindo-as.

# Indicações culturais

Para ampliar seu repertório, indicamos conteúdos de diferentes naturezas que ensejam a reflexão sobre os assuntos estudados e contribuem para seu processo de aprendizagem.

# Atividades de autoavaliação

Apresentamos estas questões objetivas para que você verifique o grau de assimilação dos conceitos examinados, motivando-se a progredir em seus estudos.

## Atividades de aprendizagem

Aqui apresentamos questões que aproximam conhecimentos teóricos e práticos a fim de que você analise criticamente determinado assunto.

## Bibliografia comentada

Nesta seção, comentamos algumas obras de referência para o estudo dos temas examinados ao longo do livro.

# Capítulo 1

## Educação física adaptada e processo de inclusão educacional

*Maria de Fátima Fernandes Vara*
*Ruth Eugênia Cidade*

**A**ntes de iniciar a discussão sobre a educação física adaptada (EFA), é necessário identificar, por meio de uma visão geral, alguns marcos conceituais e históricos da EFA como área de estudo e intervenção. Para tanto, neste capítulo, traçaremos um breve percurso englobando a história da deficiência, com destaque para os conceitos de *estigma* e *preconceito*.

Trataremos de aspectos iniciais do processo de inclusão no âmbito da educação e seus desdobramentos nas aulas de educação física. Nesse sentido, abordaremos o planejamento e a avaliação de forma ampla para evidenciar suas aplicações em programas de atividades físicas para pessoas com deficiência e outras necessidades especiais. Por fim, analisaremos aspectos gerais do paradesporto e da educação paralímpica.

## 1.1 Educação física adaptada: apontamentos históricos, fundamentos e terminologia

Existem três nomenclaturas que dizem respeito ao campo de estudo e de atuação profissional que identifica, planeja, avalia e aplica programas de atividades físicas em diferentes áreas (educação física escolar, lazer, esporte, *fitness* e estilo de vida ativo, reabilitação e outras): (1) *educação física adaptada*; (2) *atividade motora adaptada*; e (3) *atividade física adaptada*. As ações das três destinam-se ao atendimento a pessoas com possibilidades e níveis diferentes de habilidades. Por isso, de maneira simplificada, apresentaremos os fundamentos para o entendimento de cada designação.

A denominação *atividade física adaptada* (EFA) foi apresentada pela escola americana nos anos 1970 e 1980 e é o preferido na nomenclatura internacional, conforme Mauerberg-deCastro (2005). A autora utiliza a referência de Cratty (1975) para explicitar o nome e a área da EFA, chamando a atenção para uma discussão que vem sendo travada no campo acadêmico sobre termos e conceitos desde os anos 1970. Na nomenclatura internacional, o termo *atividade física adaptada* é considerado a designação mais adequada por ser ampla e abranger os serviços que promovem a saúde, o estilo de vida ativo e a inclusão. Para Mauerberg-deCastro (2005, p. 28), o objetivo é *integrar e aplicar fundamentos teórico-práticos das várias disciplinas da motricidade humana e áreas vizinhas da saúde e educação em diferentes programas educacionais e de reabilitação para indivíduos de todas as faixas etárias que não se ajustem total ou parcialmente às demandas das instituições sociais (e.g., família, escola, trabalho, comunidade em geral).*

Por sua vez, a denominação *atividade motora adaptada* chegou ao Brasil por meio da aproximação entre estudiosos de nosso país e de Portugal nos anos 1980 e 1990. Por essa designação, a atividade motora é entendida como mediadora na interação entre a pessoa e o meio que a rodeia e como expressão motora de um comportamento.

### Para saber mais

Em 1994, por iniciativa de professores da área de diferentes universidades brasileiras, foi criada a Sociedade de Atividade Motora Adaptada (Sobama). Inspirada na International Federation of Adapted Physical Activity (Ifapa), a Sobama vem ao longo desses 25 anos promovendo estudos e ações para o desenvolvimento da área.

A Sobama usa a designação *atividade motora adaptada*, e a Ifapa, a nomenclatura *atividade física adaptada* (Hutzler; Hellerstein, 2016).

Por fim, a expressão *educação física adaptada* é de uso frequente na área e surgiu na década de 1950, definido pela American Association for Health, Physical Education, Recreation and Dance (Aahperd) como um programa diversificado de atividades desenvolvimentistas e de jogos e ritmos adequados aos interesses, às capacidades e às limitações de estudantes com deficiências (Pellegrini; Junghahnel, 1985). Ou seja, o nome originalmente foi cunhado para descrever programas escolares de educação física para estudantes com deficiência e expandiu-se para além da escola, alcançando outros campos de intervenção, como a reabilitação, o lazer e o esporte. Ainda hoje, no Brasil, o termo *educação física adaptada* denomina a área acadêmica de estudos, formação e intervenção profissional (Cidade; Freitas, 2009; Gorgatti; Teixeira, 2008).

### Importante!

O início sistematizado da EFA ocorreu nos anos 1950. Assim, na história de longa duração – aquela que somente é compreensível quando considerada em séculos –, a área acadêmica da EFA é recentíssima, com aproximadamente 70 anos em termos de sistematização, estudos e intervenção!

Diante do exposto, cabe observar que é comum que as disciplinas que tratam desse assunto nos cursos de Educação Física das universidades brasileiras adotem a denominação de *Educação Física Adaptada*, para designar o campo de estudos, formação e intervenção no universo das pessoas com condições diferentes e peculiares.

Aqui, cabe outro esclarecimento sobre terminologia: *necessidades especiais* ou *condições diferentes e peculiares*? A seguir, destacamos algumas classificações das chamadas *necessidades especiais* que foram usadas ao longo dos últimos 35 anos. Ao analisarmos esse "túnel do tempo" sobre esse universo, podemos perceber os movimentos na mudança de terminologia.

### As necessidades especiais nos anos 1970 e 1980

Para fins de estudo, Seaman e DePauw (citados por Pellegrini; Junghahnel, 1985, p. 12) apresentaram em 1982 a seguinte classificação para as necessidades especiais:

> *(a) deficiência mental (DM); (b) deficiência auditiva (DA); (c) deficiência visual (DV); (d) deficiência física (DF); (e) distúrbios de saúde; (f) deficiência da fala ou linguagem; (g) problemas de conduta desajustada ou psicótica; (h) distúrbios de aprendizagem e (i) combinações das categorias [...] citadas.*

## ▪ As necessidades especiais nos anos 1990

Considerando a classificação anterior e a evolução terminológica ocorrida nos anos 1990, além de documentos que norteavam os atendimentos da área, como a *Política Nacional de Educação Especial* (Brasil, 1994) e o texto "Da terminologia do distúrbio às necessidades educacionais especiais" (Marchesi; Martín, 1995), Cidade e Freitas (2009, p. 11) apresentam uma relação simplificada das necessidades especiais:

*Deficiência (mental, auditiva, visual, física e múltipla);*
*Condutas típicas de síndromes neurológicas, psiquiátricas ou psicológicas (com manifestações comportamentais que acarretam prejuízos no relacionamento social);*
*Altas habilidades ou superdotação;*
*Distúrbios de saúde (obesidade, diabetes, cardiopatias etc.);*
*Problemas de comunicação, fala e linguagem;*
*Distúrbios de aprendizagem.*

Na dinâmica da área, as autoras (Cidade; Freitas, 2009, p. 12) atualizam a classificação de acordo com a alteração terminológica ocorrida nos anos 2000:

*Deficiência (intelectual, auditiva, visual, física e múltipla);*
*Transtorno global do desenvolvimento (autismo, psicose infantil);*
*Altas habilidades ou superdotação;*
*Distúrbios de saúde (obesidade, diabetes, cardiopatias etc.);*
*Problemas de comunicação, fala e linguagem;*
*Distúrbios de aprendizagem.*

Para fins exclusivamente didáticos, apresentamos uma classificação com algumas das necessidades especiais existentes, considerando as alterações terminológicas e o agrupamento entre elas:

- deficiência (intelectual, auditiva, visual, física e múltipla);
- transtorno do espectro autista (TEA);
- altas habilidades ou superdotação;

- transtorno de déficit de atenção e hiperatividade (TDAH);
- transtornos da comunicação (incluem o transtorno da linguagem, da fala e da comunicação social);
- dificuldades de aprendizagem.

## Quais são os objetivos da EFA?

O objetivo da EFA como área de estudo e intervenção é propiciar ferramentas para o atendimento adequado às pessoas com necessidades especiais ou diferentes e condições peculiares, visando proporcionar seu desenvolvimento geral. Nesse sentido, é preciso observar as características de cada um dos envolvidos e:

- reconhecer suas possibilidades e suas necessidades, respeitando suas diferenças individuais;
- identificar suas capacidades quanto à ação para o movimento;
- facilitar sua independência e sua autonomia na perspectiva do processo de inclusão como um todo.

## Conteúdo e metodologia da EFA

A EFA pode proporcionar aos participantes a oportunidade de eles utilizarem suas habilidades por meio de atividades motoras, jogos, esportes e outas manifestações da cultura corporal, a fim de desenvolverem suas possibilidades e suas capacidades.

No âmbito da escola e dos projetos socioesportivos, o programa de educação física adaptada possibilita ao aluno com diferentes e peculiares condições a compreensão de suas limitações e de suas capacidades, auxiliando-o na busca por uma melhor adaptação aos movimentos e às atividades. Segundo Pedrinelli (2008, p. 12), "uma vez conhecidas as metas do programa, convém modificá-las, apenas quando necessário, respeitando as metas previamente determinadas, assegurando que as atividades sejam um desafio para todos os participantes e, sobretudo, que seja valorizada a diferença".

Nos estudos de Bueno e Resa (1995), a educação física se estabelece em uma grande área de adaptação porque permite, nos programas adaptados, a participação tanto de crianças e adolescentes quanto de adultos em atividades físicas apropriadas às suas possibilidades, permitindo que todos sejam valorizados e desfrutem da interação e do pertencimento.

Segundo Pedrinelli (1994b, p. 69), "todo o programa deve conter desafios a todos os alunos, permitir a participação de todos, respeitar suas limitações, promover autonomia e enfatizar o potencial no domínio motor". Em Mauerberg-deCastro (2005, p. 278), encontramos a proposta de programa baseado nos seguintes objetivos:

*Desenvolver ou aperfeiçoar:*
- *Autoconceito positivo.*
- *Competência social.*
- *Integração sensório-motora.*
- *Aprendizagem perceptivo-motora.*
- *Padrões e habilidades motoras.*
- *Aptidão física e estilo de vida saudável.*
- *Postura e aparência.*
- *Competência em jogos, atividades de lazer e relaxamento.*
- *Habilidades aquáticas e dança.*
- *Habilidades esportivas e de competição.*
- *Desenvolver atitudes e conceitos sobre: habilidades, atividades, movimento, saúde e bem-estar, condicionamento físico.*

Todas as atividades devem considerar as potencialidades e as limitações da pessoa com necessidades especiais, bem como devem ser realizadas de maneira constante, progressiva e regular.

Assim, na próxima seção, enfatizaremos as questões históricas e conceituais que envolvem as pessoas com deficiência (física, visual, auditiva e intelectual).

## 1.2 Apontamentos históricos e fundamentos que envolvem as pessoas com deficiência

De forma geral, a pessoa com deficiência, mesmo que estigmatizada, está presente em nossa sociedade desde os tempos mais antigos. Com o objetivo de sermos breves na exposição a seguir, faremos recortes pontuais, o que nos levará a "grandes saltos" nessa história.

### Para saber mais

GUGEL, M. A. **A pessoa com deficiência e sua relação com a história da humanidade**. Disponível em: <http://www.ampid.org.br/ampid/Artigos/PD_Historia.php>. Acesso em: 16 out. 2020.

Nesse artigo, Maria Aparecida Gugel apresenta, de forma resumida, dados históricos acerca da presença de pessoas com deficiência desde os tempos primitivos até a Idade Moderna. Ressaltamos o destaque que a autora dá à rápida criação e evolução das cadeiras de rodas.

SILVA, O. M. **A epopeia ignorada**: a pessoa deficiente na história do mundo de ontem e de hoje. 2 ed. São Paulo: Cedas, 1987.

Para conhecer trajetória das pessoas com deficiência ao longo da história, sugerimos o livro de Otto Marques da Silva. A obra é uma interessante imersão no percurso histórico das pessoas com deficiência desde as culturas mesolíticas e neolíticas, passando pelas civilizações antigas, pela Idade Média e pelo Renascimento. Há destaque para achados do Brasil colonial e imperial.

---

No início da civilização, havia dois tipos principais de conduta com relação às pessoas com deficiência: (1) um comportamento identificado como sendo de tolerância e menosprezo e (2) uma forma que eliminava a pessoa com deficiência do convívio (Silva, 1987).

Nesse tempo, a maioria das tribos era nômade e ocupava seu dia a dia com questões básicas de sobrevivência. Nesse contexto, uma pessoa com deficiência poderia dificultar o deslocamento e a caminhada e colocar em risco toda a tribo, por isso a aceitação e permanência dessas pessoas no grupo não eram sequer consideradas. Conforme a tribo, as pessoas com deficiência eram tidas como "bons" ou "maus espíritos", de acordo com Carmo (1991).

Hipócrates (460 a.C.-377 a.C.), segundo alguns estudiosos (Silva, 1987), dedicava-se à árdua tarefa de separar a superstição e o misticismo dos fatos da medicina. Um dos casos mais comuns e misteriosos para a época era a epilepsia – conhecida como "mal divino" –, sendo que, para Hipócrates, a origem dessa afecção estava no cérebro.

Na Grécia e em Roma (500 a.C. e 400 d.C.), havia uma maior preocupação com a capacidade física dos soldados para a proteção do Estado contra os inimigos. A condição permanente de atividades bélicas fez com que esses povos apreciassem os corpos perfeitos e fortes para os confrontos. Os soldados amputados em consequência das guerras eram honrados e considerados heróis. No entanto, ainda nesse período, a superstição com relação às crianças que vinham ao mundo imperfeitas fisicamente continuava e elas eram eliminadas ao nascer.

Com o avanço do cristianismo (400 d.C. a 1500 d.C.) e de sua doutrina voltada para a caridade, o entendimento sobre a pessoa com deficiência começou a mudar, dada a ênfase dos ensinamentos religiosos dessa doutrina. Nessa fase da história, as pessoas com deficiência sobreviviam ou por ficarem em suas casas (guardadas em porões ou em quartos), ou, como era comum, por estarem sob os cuidados dos padres em monastérios (Silva, 1987).

Avançando na história, ao longo dos séculos XVI e XVII, sabemos que as pessoas com deficiência física eram discriminadas. Com algumas exceções, muitos hospitais da Alemanha e da França começaram, já no século XVII, a ser controlados pelos governos locais. Especialmente o governo francês empenhou-se em prestar atendimento aos menos favorecidos, como os mendigos e os doentes pobres e incuráveis – e, entre eles, as pessoas com deficiência física e intelectual.

O século XVIII foi influenciado pela transição das formas de pensar, passando-se da superstição para a compaixão. Nesse período, iniciou-se o interesse em educar e reabilitar a pessoa com deficiência, surgindo, assim, as primeiras instituições como hospitais e escolas para cegos e surdos. No século XIX, com a Revolução Intelectual, países como a França, a Inglaterra, a Irlanda, a Alemanha, a Escócia, os Estados Unidos e outros começaram a assumir a responsabilidade de encaminhar grupos marginalizados e minoritários a instituições especializadas. Essas organizações destinavam-se não somente à assistência e à proteção, mas também ao estudo de soluções para os atendimentos. Mesmo ainda sendo desprezada, a pessoa com deficiência passou a ser vista como um ser humano com sentimentos e capaz de ter uma vida digna, desde que lhe fossem garantidos meios adequados para isso.

Alguns dos principais acontecimentos no século XX, como a Primeira e a Segunda Guerras Mundiais, a Grande Depressão nos anos 1930, nos Estados Unidos, e o movimento dos direitos humanos nos anos 1950 foram fundamentais para o surgimento de interesses de sociedades internacionais privadas (como a Rehabilitation International) e governamentais nas questões referentes às pessoas com deficiência, especialmente nos campos da medicina, da reabilitação, da educação e da terapia ocupacional (Silva, 1987).

Em sua trigésima sessão, a Assembleia Geral das Nações Unidas, pela Resolução n. 31/123, de 16 de dezembro de 1976, proclamou, oficialmente, o ano de 1981 como o Ano Internacional de Atenção às Pessoas com Deficiência e estabeleceu vários objetivos, entre os quais destacamos os seguintes:

2. Promover todos os esforços, nacionais e internacionais, para proporcionar aos deficientes assistência adequada, treinamento, cuidadosa orientação, oportunidades para trabalho compatível e assegurar a sua plena integração na sociedade;

3. Estimular projetos de estudo e pesquisa, visando a participação prática e efetiva de deficientes nas atividades da vida diária, melhorando as condições de acesso aos edifícios públicos e sistemas de transportes;

4. Educar e informar o público sobre o direito das pessoas deficientes de participarem e contribuírem nos vários aspectos da vida econômica, social e política;

5. Promover medidas eficazes para a prevenção de deficiências e para a reabilitação das pessoas deficientes. (Brasil, 1981, p. 2)

Como resultado dessa preparação para a celebração prevista para o ano de 1981, a Reabilitação Internacional – entidade internacional de reabilitação e órgão consultivo da Organização das Nações Unidas (ONU), com sede em Nova York – apresentou à junta executiva do Fundo das nações Unidas para a Infância (Unicef) um relatório baseado em informações e estudos de 60 anos sobre a situação da deficiência infantil no mundo. O documento expunha uma análise da situação de crianças com deficiências físicas, intelectuais ou sensoriais e revelou a magnitude do problema (Unicef, 1980).

Outro documento produzido pela Reabilitação Internacional na época foi a Carta para os Anos 80, uma declaração de consenso de prioridades internacionais de ação para a década de 1980 a 1990. A carta propôs promover as metas "de participação e igualdade plena" (Brasil, 1981, p. 33) para pessoas com deficiência no mundo todo, dando a elas o direito de participar das atividades de sua comunidade e de ter as mesmas condições de existência que os demais cidadãos, inclusive participação igual na melhoria do padrão de vida decorrente do desenvolvimento econômico e social. A carta foi a mais ampla consulta internacional já realizada nas áreas de prevenção e reabilitação (Brasil, 1981).

A Lei n. 13.146, de 6 de julho de 2015 (Brasil, 2015a) – Lei Brasileira de Inclusão da Pessoa com Deficiência – trouxe inúmeros avanços para os direitos da população portadora de necessidades especiais, entre os quais cabe destacar (Déa, 2017, grifo do original):

- Acesso à educação superior e à educação profissional e tecnológica em igualdade de oportunidades e condições com as demais pessoas.
- **Projeto pedagógico** que institucionalize o atendimento educacional especializado, assim como os demais **serviços para atender às características** dos estudantes com deficiência e garantir o seu pleno acesso ao currículo em condições de igualdade, promovendo a conquista e o exercício de sua autonomia.
- **Libras** [Língua Brasileira de Sinais] como primeira língua e a modalidade escrita da língua portuguesa como segunda língua.
- **Pesquisas** voltadas para o desenvolvimento de novos métodos e técnicas pedagógicas, de materiais didáticos, de equipamentos e de recursos de tecnologia assistiva.
- Planejamento de **estudo de caso**, de elaboração de plano de atendimento educacional especializado.
- **Formação e disponibilização** de professores para o atendimento educacional especializado, de tradutores e intérpretes da Libras, de guias intérpretes e de profissionais de apoio.
- Oferta de **ensino da Libras, do Sistema Braille e de uso de recursos de tecnologia assistiva**. [...]
- Acessibilidade para todos os estudantes, trabalhadores da educação e demais integrantes da comunidade escolar **às edificações, aos ambientes e às atividades**.
- Oferta de **profissionais de apoio** escolar.

Com base nesses encaminhamentos e nessas ações, percebemos um grande desenvolvimento na discussão sobre os direitos das pessoas com deficiência.

### Para saber mais

DÉA, V. H. S. D. **Se inclui**. Goiânia: Gráfica da UFG, 2017. Disponível em: <https://seinclui.ciar.ufg.br/textos/1-boas-vindas-e-apresentacao.html>. Acesso em: 16 out. 2020.

Da Constituição Federal de 1988 (Brasil, 1988) à Lei n. 13.146/2015, foram muitas as conquistas alcançadas em prol das pessoas com deficiência, como descrito no *e-book* sugerido.

## 1.3 Inclusão educacional e educação física na escola

Para melhor compreender o processo de inclusão educacional, é importante considerar a diferença entre os significados dos termos *preconceito*, *estereótipo* e *estigma*. Com efeito, "Política tão antiga quanto a humanidade, a segregação apoia-se no tripé: preconceito, estereótipo e estigma" (Amaral, 1994, p. 40). Basearemos nossa discussão nos estudos clássicos de Amaral (1994), Elias e Scotson (2000), Goffman (2008) e Rose (1972).

### Mãos à obra

Leia a obra *Os estabelecidos e os outsiders*, de Norbert Elias e John L. Scotson (2000). A introdução do livro está recheada de ideias que nos ajudam a refletir sobre o preconceito nas relações interdependentes entre estabelecidos e estigmatizados.

Depois, assista ao filme *Escritores da liberdade* (referenciado na seção "Indicações culturais" no final do capítulo), baseado em uma história real, e procure identificar as características da relação estabelecidos-*outsiders*. Esse exercício poderá esclarecer sua maneira de perceber o preconceito e o estigma.

*Preconceito* significa "julgamento prévio", ou seja, que se faz antes de conhecer o que está sendo julgado. Os grupos humanos alimentaram diversos preconceitos uns em relação aos outros. Esse comportamento sempre foi foco de desgraças e de incompreensão mútuas, além de estar acompanhado, quase sempre, de opiniões distorcidas ou sem fundamento. Dessa forma, por causa do preconceito, julgam-se as pessoas não por seus méritos próprios, mas em razão de ideias exageradas e irreais, referentes àquilo que se crê serem as características de determinado grupo, admitindo-se erradamente que todos os membros de uma mesma comunidade são idênticos e que as exceções não existem ou são insignificantes (Cidade; Freitas, 2009; Elias; Scotson, 2000). Nesse sentido, a informação é um instrumento poderoso que combate as falsas ideias, atacando diretamente o preconceito (Elias; Scotson, 2000; Rose, 1972). Certamente, "o preconceito não é um fato universal, isto é, comum a todas as civilizações e a todos os povos; mas está suficientemente divulgado para ter inspirado conflitos internacionais e querelas nacionais" (Rose, 1972, p. 161).

O preconceito está alicerçado na ignorância, e esta assume aspectos dos mais diversos: por vezes, são noções falsas referentes a características físicas, tradições culturais, crenças ou lendas de um povo que geram entendimentos equivocados. A ignorância provém tanto da ausência de conhecimentos quanto da presença de ideias falsas e, por si só, não faz nascer o preconceito, mas promove seu desenvolvimento.

*Estereótipo* significa "clichê", "chavão", uma ideia ou expressão muito repetida e que está atrelada a um preconceito. No caso da deficiência, o estereótipo alimenta e consolida o preconceito, que é o rótulo de que a pessoa nessa condição é "coitadinha", ineficiente e incapaz.

*Estigma*, por sua vez, tem o sentido de "marca" ou "sinal", um efeito da ação de tachar algo ou alguém. No caso da deficiência, a pessoa é segregada, excluída, estigmatizada e conduzida ao isolamento em nome da normalidade, cujos critérios parecem ser a produtividade e a adaptação aos padrões preestabelecidos socialmente. Estereótipo e estigma são, pois, ferramentas do preconceito e da segregação, em uma dinâmica do desconhecimento que leva a um círculo vicioso nas relações sociais (Cidade; Freitas, 2009; Goffman, 2008; Amaral, 1994).

Com a crescente diferenciação da sociedade e a consequente individualização das pessoas, o caráter de cada um em relação aos demais tornou-se importante na escala social de valores, ou seja, distinguir-se, ser diferente, passou a ser valorizado.

Questões quanto às expectativas e aos estigmas relativos a pessoas com deficiência fazem parte da construção social da deficiência (Cidade, 2006), visto que são as expectativas ligadas ao meio e às relações sociais que determinarão as diferenças entre as pessoas com e sem deficiência.

Estigma e expectativa, portanto, andam *pari passu* na construção social da deficiência. Essa construção ocorre na relação entre o conjunto de expectativas (dirigidas a grupos e/ou a indivíduos estigmatizados) e as inter-relações no interior do grupo social que trata como desvantagens certas diferenças apresentadas por alguns de seus integrantes, as pessoas com deficiência (Cidade; Freitas, 2009).

Assim, "quando excluímos o outro estamos reconhecendo sua existência ainda que sejamos incapazes de identificá-la claramente. Esta incapacidade gera tensões entre quem define e quem é definido" (Gebara, 2001, p. 45). Além disso, se a pessoa está inserida em qualquer que seja o grupo, desempenha um papel – e, quanto a isso, também há expectativas. Historicamente, até meados do século XX, as pessoas com deficiência eram totalmente excluídas das redes de ensino ou, quando muito, tinham acesso parcial à educação. O ingresso desses indivíduos nos anos 1950 foi possível a partir do surgimento dos modelos de normalização, integração e inclusão. "Como parte da complexa história dos direitos humanos, a segregação de pessoas com deficiência começou a ser questionada a partir dos anos 50. No âmbito da escola surge então a perspectiva da **Normalização** que precede a **Integração** que por sua vez antecede a **Inclusão**" (Cidade; Freitas, 2009, p. 43).

Vejamos a seguir como esses modelos se estabeleceram.

### Normalização

O conceito da normalização surgiu nos anos 1950 nos países nórdicos em contraposição à institucionalização de pessoas com deficiência. Essa perspectiva pedagógica defendia um ambiente menos restritivo na direção da igualdade de oportunidades.

### Integração

Como forma de atendimento educacional, a integração esteve presente desde os anos 1960 até o início dos anos 1990. Nesse modelo, o estudante com deficiência era atendido por uma instituição educacional denominada *escola especial* ou em classes especiais em escolas públicas – nestas, o aluno frequentava uma sala de aula dentro de uma escola comum, porém destinada somente a indivíduos com deficiência. No modelo integrativo presente na educação brasileira, a integração acontecia pela inserção da pessoa com deficiência na sociedade de três formas: (1) inserção pura e simples; (2) inserção com alguma adaptação; ou (3) inserção em ambientes separados.

As recomendações de organismos internacionais sobre a educação especial, como as discussões da Conferência de Jomtien, na Tailândia, em 1990, que resultaram na Declaração Mundial sobre

Educação para Todos e na Declaração de Salamanca (ONU, 1994), foram decisivas para uma mudança significativa nas maneiras de entender e de atender a pessoa com deficiência na perspectiva educacional.

## ■ Inclusão

A evolução do campo dos direitos humanos, nos anos 1950, trouxe à tona o paradigma da inclusão. Marcada pela Declaração de Salamanca (ONU, 1994), essa proposta orientava-se pelo direito que todos os estudantes têm de frequentar a escola comum em classes regulares, nas quais os programas de estudo devem ser adaptados às necessidades da criança, e não o contrário.

Dessa forma, a inclusão educacional como processo implica modificações grandes e pequenas na reestruturação e na modernização das condições atuais da maioria de nossas escolas.

A inclusão, como processo social amplo, vem acontecendo paulatinamente em todo o mundo e, efetivamente, a partir da década de 1950, como mencionamos anteriormente. Ressaltamos que, quando falamos em *inclusão*, estamos nos referindo a um método que acolhe todas as diferenças, e não somente pessoas com deficiência. Portanto, a inclusão é a modificação dos indivíduos em sociedade (Cidade; Freitas, 2009). Ela também é um processo infindável, e sua proposta significa o engajamento coletivo dos profissionais da escola na minimização de barreiras à participação e à aprendizagem para todos os seus atores, como asseveram Santos e Santiago (2013, p. 12): "Como defendemos que esse processo requer a construção de valores e princípios compartilhados entre todos, certamente o clima institucional tende a ser agradável, pois a valorização de todos implica em relações de cooperação e na participação de todos".

A educação inclusiva como diretriz para a transformação da estrutura da escola foi definida pelo Ministério da Educação como política pública que assumiu sua disseminação por meio do **Programa Educação Inclusiva: Direito à Diversidade**, iniciado em 2003 (Brasil, 2020c). Essa ação orientou um processo amplo de reflexão nos sistemas educacionais sobre as formas tradicionais do pensamento pedagógico e a ruptura com a concepção determinista da relação entre as condições históricas, as desvantagens sociais, a deficiência e a não aprendizagem (Dutra; Griboski, 2006, p. 20).

Para pensar a inclusão no âmbito da escola, é necessária uma mudança de perspectiva educacional, entendendo-se que "a escola, para se tornar inclusiva, deve acolher todos os seus alunos, independentemente de suas condições sociais, emocionais, físicas, intelectuais, linguísticas, entre outras" (Figueiredo, 2008, p. 143).

A inclusão implica um esforço de modernização e reestruturação das condições atuais da maioria das escolas, especialmente as de nível básico, ao assumirem que as dificuldades de alguns alunos não são apenas deles, mas resultam em grande parte do modo como o ensino é ministrado e de como a aprendizagem é concebida e avaliada (Stainback et al., 1999).

Com base nesses e em outros marcos legais, o processo inclusivo no âmbito da educação tem suscitado inúmeras reflexões e debates. "A ideia remete às dimensões físicas e atitudinais que permeiam a área escolar, onde diversos elementos como a arquitetura, engenharia, transporte, acesso, experiências, conhecimentos, sentimentos, comportamentos, valores etc. coexistem, formando esse *lócus*, extremamente complexo" (Cidade; Freitas, 2009, p. 47).

Nessa situação de inclusão, é preciso, como forma adicional, considerar as peculiaridades da população associadas às estratégias que serão utilizadas. Para Pedrinelli (2002), compartilhar um processo inclusivo é estar predisposto a considerar e a respeitar as diferenças individuais, possibilitando o aprendizado sobre si mesmo e sobre cada um dos outros em uma situação de diversidade de ideias, sentimentos e ações.

Como proposta e no sentido de auxiliar nos primeiros passos para a inclusão no âmbito da escola, sugerimos a abordagem de Amaral (1995), que, ao discutir a integração, indica quatro diferentes níveis: (1) físico; (2) funcional; (3) de integração social; e (4) de mudanças que advêm da comunidade.

O primeiro nível, o da integração física, refere-se à aproximação física com diminuição da distância entre as pessoas com e sem deficiência. Quanto ao segundo nível, trata-se

> da redução não mais meramente física, mas de uma redução de distância "funcional", ou seja, as pessoas podem e devem ter uma atividade em comum, malgrado estejam se utilizando de estratégias e equipamentos diferentes ou desenvolvendo essas atividades em ritmos, formas e níveis de precisão também diferentes. (Amaral, 1995, p. 105, grifo do original)

No terceiro nível, que Amaral (1995) denomina *integração social*, espera-se que ocorra a aproximação e seja suscitada a comunicação entre pessoas com e sem deficiência, reduzindo o eventual sentimento de isolamento por parte destas. O quarto nível tem a ver com os recursos da comunidade e refere-se às mudanças e ações que visam eliminar obstáculos: legislação, investimentos em serviços de reabilitação, eliminação de barreiras arquitetônicas, formação e capacitação profissional, entre outras.

## Importante!

Iniciar o processo inclusivo não é simples, mas é possível com as sugestões que Amaral (1995) apresenta: a pessoa deve estar no mesmo espaço, fazendo a mesma atividade que as demais e uma interação social deve ser provocada.

Outros desdobramentos decorrentes da inclusão são a equidade e a universalização. O processo inclusivo está avançando e obtendo um amplo alcance à medida que ideias como a equidade e a universalização se tornam presentes nas reflexões e paulatinamente trazem mudanças significativas à prática escolar.

A **equidade** diz respeito à igualdade de direitos de cada um, o reconhecimento de cada aluno em sua singularidade, e a **universalização** consiste no acesso irrestrito a espaços educacionais, a um ensino de qualidade e a profissionais bem formados, entre outros.

O progresso na promoção do acesso universal à educação primária para as crianças em todo o mundo é foco das discussões dos organismos internacionais desde o ano 2000. Para além da educação básica, todos os níveis de ensino estão contemplados no Objetivo 4 da Agenda 2030 para o Desenvolvimento Sustentável (ONU, 2015), que vê como essencial a promoção de uma educação inclusiva, igualitária e baseada nos princípios de direitos humanos e de sustentabilidade. A promoção da capacitação e do empoderamento dos indivíduos é o centro desse objetivo, que visa ampliar as oportunidades das pessoas em situação de vulnerabilidade no caminho do desenvolvimento (ONU, 2015).

### Para saber mais

ONU – Organização das Nações Unidas. **Agenda 2030 para o Desenvolvimento Sustentável**. 2015. Disponível em: <http://www.agenda2030.org.br/>. Acesso em: 16 out. 2020.

Para quem quiser conhecer melhor os 17 Objetivos de Desenvolvimento Sustentável (ODS), recomendamos uma visita ao seu *site* oficial.

# 1.4 Planejamento e avaliação de programas de treinamento, de *personal trainer* e de recreação para pessoas com deficiência

Inicialmente, precisamos definir os conceitos das três áreas de atuação que abordaremos nesta seção.

### ■ Treinamento

Trata-se de uma forma sistemática de atividade física de longa duração e que implica um planejamento que considere, para nosso estudo, as possibilidades do atleta com deficiência. Esse planejamento deve compreender conteúdos, objetivos, planificação e métodos específicos.

### ■ *Personal trainer*

*Personal trainer* ou treinador pessoal é um profissional formado em educação física que presta serviço contratado, que pode ser individual ou coletivo. Sua atuação compreende planejar, organizar, supervisionar, coordenar, executar, dirigir, assessorar, prescrever, orientar, avaliar e aplicar métodos e técnicas específicos para o interesse do aluno ou cliente.

### ■ Recreação

É um conjunto de atividades lúdicas, como jogos e brincadeiras, cuja finalidade é relaxar e divertir. A atuação do profissional da área compreende planejar, organizar, supervisionar, coordenar e executar atividades recreativas em hotéis, acampamentos, colônias de férias, clubes, casas de festas, hospitais, escolas e centros de reabilitação, entre outros espaços.

A diversidade observada entre as pessoas com deficiência em termos de capacidades, interesses e disposição para a aprendizagem requer a aplicação de uma metodologia na qual é obrigatório adaptar os meios e as estratégias existentes para atender às necessidades de todos os alunos, e não só dos que têm algum tipo de deficiência.

O programa e as aulas devem estar sempre centradas na turma e nos estudantes. Estamos nos referindo a um processo de atuação em que o professor deve fazer seu planejamento e atuar de tal modo que consiga corresponder às necessidades de aprendizagem de seus alunos. É em função dessas necessidades que o docente precisa elaborar seu planejamento, contemplando os tipos de adaptação que se mostram indispensáveis conforme as deficiências dos alunos, além de objetivos, conteúdos, metodologia e modos de avaliação. Devem ser considerados, ainda, a organização do espaço, o tempo disponível e os recursos materiais necessários.

### 1.4.1 Planejamento: implicações para a prática pedagógica

É importante que o professor tenha as informações básicas relativas ao seu aluno, como: tipo de deficiência; idade em que apareceu a deficiência; se ela foi repentina ou gradativa e se é transitória ou permanente; as funções e as estruturas que estão comprometidas. Além disso, o profissional deve conhecer os diferentes aspectos do desenvolvimento humano: biológico, cognitivo, motor, linguístico, interação social e afetivo-emocional.

Conhecendo o aluno, o professor deve adequar a metodologia a ser adotada, observando os seguintes fatores (Pedrinelli, 1994a; Bueno; Resa, 1995):

- por quanto tempo o aluno poderá permanecer atento às tarefas solicitadas, para que o período das atividades seja corretamente programado, de acordo com as exigências estabelecidas;
- quais são os interesses e as necessidades do aluno com relação às atividades propostas;
- se é preciso adequar a linguagem ao nível de compreensão dos alunos;
- como selecionar atividades que sejam possíveis e beneficiem a todos, não só aos alunos com deficiência.

Segundo Bueno e Resa (1995, p. 82, tradução nossa), essas adequações envolvem:

*Adaptação de material e sua organização na aula: tempo disponível, espaço e recursos materiais;*

*Adaptação no programa: planejamento, atividades e avaliação;*

*Aplicação de uma metodologia adequada à compreensão dos alunos, usando estratégias e recursos que despertem neles o interesse e a motivação, por meio de exemplos concretos, incentivando a expressão e a criatividade;*

*Adaptações de objetivos e conteúdos, adequando-os quando for necessário, em função das necessidades, dando prioridade a conteúdos e objetivos próprios, definindo mínimos e introduzindo novos quando for preciso.*

Com relação às atividades físicas que serão alvo de adaptações, cabe ao professor observar algumas medidas a fim de desempenhar seu trabalho da melhor forma possível:

- planejar atividades amplas, com diferentes graus de dificuldade e níveis de execução;
- trabalhar o mesmo conteúdo com atividades diversas;
- propor atividades que permitam variadas possibilidades de execução;

- elaborar atividades individuais, em pequenos e em grandes grupos;
- proporcionar momentos nos quais as atividades sejam de livre escolha.

É importante destacar que adaptações pedagógicas podem ser necessárias dependendo das características pessoais dos alunos (Bueno; Resa, 1995), tais como:

- Apoio verbal – Trata-se de escolher bem as palavras empregadas e apresentar explicações concretas e breves. Nas tarefas complexas, substituir a explicação pela demonstração, dando ênfase à etapa (gesto) importante do movimento.
- Apoio visual – Significa demonstrar previamente o movimento, com utilização simultânea de vários estímulos (como materiais coloridos e variação de ritmo).
- Apoio manual – Implica ajudar o aluno a encontrar a posição ideal do movimento e conduzi-lo pelo espaço.

Por fim, com base em Oliveira et al. (2009), apresentamos a seguir algumas sugestões metodológicas ou como o professor deve ensinar:

- contextualizar a prática em experiências do dia a dia dos alunos;
- aproximar-se dos alunos e fazê-los participar ativamente da aula, dando a eles oportunidade para sugerir atividades, jogos ou mudanças de regras;
- diversificar as aulas, os espaços e os materiais utilizados, evitando cair na rotina;
- adaptar e modificar as atividades para contemplar a heterogeneidade da turma;
- observar e definir com a turma as regras e os combinados das atividades, evitando a dispersão e a indisciplina;

- evitar a formação de filas, organizando o espaço e os materiais de maneira que todos os alunos estejam em movimento durante o maior tempo possível da aula;
- promover competições, festivais e atividades recreativas.

Cabe ressaltar que, ainda nesse processo, há de se pensar na avaliação dos programas implantados e dos alunos envolvidos nas atividades. Essa avaliação do programa de atividades deve ser constante.

Uma análise atenta possibilita as adequações necessárias, considerando-se a relação entre planejamento, conteúdos e objetivos do programa. Ao ser implantado, o planejamento pode servir de base para a avaliação do programa. A avaliação indica um ponto de partida para identificar e debater os pontos fortes e os pontos a serem melhorados, bem como os indicativos para solucionar os problemas (Winnick, 2004).

Programas de EFA caracterizam-se por planejamentos escritos que possam ser usados como guias de implementação, com a indicação dos procedimentos e das informações que vão balizar a atuação de todos os recursos humanos envolvidos. Esses projetos apresentam dados do plano pedagógico do programa (número de turmas, grade horária de funcionamento das aulas, constituição das turmas, estratégias metodológicas, entre outros), recursos humanos envolvidos, procedimentos administrativos (serviços de limpeza e manutenção, elaboração de orçamentos e compras de materiais e equipamentos, comunicação com o lar dos alunos, entre outros) e instrumentos de avaliação do programa (nível de satisfação dos pais, opinião dos alunos com relação ao atendimento, análise dos recursos humanos sobre o programa, instrumentos de autoavaliação, entre outros).

Quanto à **avaliação do aluno** ou de um grupo de alunos, o professor deve, obrigatoriamente, "realizar registros e anotações do decorrer das atividades, identificando se os objetivos estão sendo alcançados e como a próxima aula deverá ser mediada" (Oliveira et al., 2009, p. 276).

O processo de avaliação dos alunos tem a finalidade de garantir que os objetivos elaborados e as metas estabelecidas para a aprendizagem sejam cumpridos. Assim, para aquele estudante com algum tipo de deficiência, o professor deve determinar o que ele é capaz de fazer e o que é capaz de alcançar. Trata-se de definir o ponto de partida do aluno, suas habilidades e seu nível de compreensão para então eleger objetivos e conteúdos de trabalho mais próximos da realidade.

Nesse sentido, é necessário adaptar procedimentos e instrumentos de avaliação, buscando-se aqueles que possam ajudar a identificar o que o aluno aprendeu e como o fez. Trata-se de estabelecer critérios considerando-se a diversidade. Todas as ações de avaliação, em sua essência, contêm as atividades de ensino e vice-versa. Apenas se altera a terminologia no momento – ou *ensino*, ou *avaliação* –, sem esquecer que ambos os momentos são de aprendizagem (Bolsanello, 2005).

A avaliação do aluno é o ponto alto do processo de ensino-aprendizagem e seus desdobramentos indicarão a necessidade ou não de adequações nos conteúdos, nos objetivos, nas metodologias e no próprio sistema avaliativo. A avaliação deve levar em conta os seguintes questionamentos (Bolsanello, 2005, p. 15-16): "a) o que avaliamos? (conteúdos); b) por que avaliamos? (objetivos); c) como avaliamos? (metodologias); d) quando avaliamos? (temporalidade); e) para quê avaliamos? (Finalidade)".

Por fim, vale ressaltar que a avaliação pode ser formal ou informal. A primeira exige testes, protocolos e procedimentos padronizados. "Os testes padronizados estabelecem adequação técnica, ou seja, estabelecem validade, confiabilidade e são normatizados em uma amostra representativa definida" (Stainback et al., 1999, p. 145).

A avaliação informal, por sua vez, é qualquer tipo de procedimento que permita o máximo de adaptações nos procedimentos de aplicação, conteúdo, materiais e critérios de pontuação.

Assim, as avaliações informais levam os alunos a gerar as respostas usando o conhecimento prévio, a aprendizagem recente e as habilidades relevantes baseadas no desempenho. Exemplos desse tipo de avaliação incluem diários de aula com observação direta e registros do interesse, da comunicação, da motivação, das possibilidades e das necessidades do aluno.

## 1.4.2 Como trabalhar com pessoas com deficiência nas três áreas de atuação em educação física

Programas de treinamento, de *personal trainer* e de recreação para pessoas com deficiência têm em comum, em sua execução, certos cuidados e observações, descritos na sequência.

■ **Treinamento**

O treinamento de esportes dirigido a pessoas com deficiência deve contemplar os mesmos planos e objetivos que são usados para pessoas sem deficiência, ou seja, deve-se buscar o melhor resultado desportivo considerando-se o melhor aproveitamento do atleta.

O planejamento para treinamento de atletas com deficiência exige uma avaliação inicial sobre o tipo de deficiência e os objetivos pessoais e leva em conta a avaliação da funcionalidade, da aptidão física, da postura e da composição corporal, além da função aeróbica, da força muscular e da flexibilidade do indivíduo, a fim de definir qual (ou quais) esporte é o mais adequado para o caso.

■ *Personal trainer*

Esse profissional, desde que qualificado, pode atender pessoas com qualquer tipo de deficiência. As funções que ele deve realizar incluem planejar, organizar, supervisionar, coordenar, executar, dirigir, assessorar, prescrever, orientar, avaliar e aplicar métodos e técnicos específicos para o interesse do aluno ou cliente. O trabalho pode estar direcionado para a preparação física, o treinamento desportivo e a orientação nas mais diferentes atividades físicas.

No atendimento de pessoas com deficiência, os interesses desse tipo de serviço podem variar entre lazer, sociabilização, promoção de um estilo de vida ativo, prevenção de doenças e melhora da autoestima.

- **Recreação**

As atividades recreativas para pessoas com deficiência são amplamente utilizadas nas escolas, nos hospitais e nos centros de reabilitação. Com o processo de inclusão acontecendo, os profissionais têm prestado atendimento a pessoas com deficiência principalmente em hotéis e em colônias de férias. Para as adaptações de jogos e de brincadeiras, devem ser considerados o tipo de deficiência e o nível de compreensão do indivíduo e a acessibilidade do local.

## 1.5 Paradesporto e educação paralímpica

Inicialmente, é importante definir alguns conceitos. O **esporte adaptado** é o conjunto de atividades esportivas destinadas às pessoas com algum tipo de necessidade especial, incluindo deficiências. Assim, o esporte adaptado também pode ser aplicado para quem tem autismo, TDAH, surdez, dificuldades de aprendizagem, diabetes, obesidade, entre outros.

O termo **paradesporto** é utilizado para designar o esporte que é praticado por pessoas com deficiência, seja a modalidade integrante ou não do Programa Paralímpico. O Programa Paralímpico é composto dos esportes que estão no Programa dos Jogos Paralímpicos. Como exemplo, podemos citar a dança em cadeira de rodas, que é paradesporto, mas não faz parte do Programa Paralímpico.

O **Sistema Paralímpico** é uma estrutura organizacional que reconhece e normatiza o esporte paralímpico por meio de instituições como as associações locais e regionais, ligadas ao Comitê Paralímpico Brasileiro (CPB) e este ao Comitê Paralímpico Internacional – em inglês, International Paralympic Committee (IPC). A classificação esportiva no modelo atual está dividida em **visual** (para os atletas com deficiência visual), **funcional** (para os atletas com deficiência física) e **intelectual** (para os atletas com esse tipo de deficiência) (Freitas; Santos, 2012).

## 1.5.1 Breve histórico do esporte paralímpico

Há notícia da existência de clubes esportivos para pessoas surdas em Berlim, na Alemanha, já em 1888. Em 1918, um grupo de lesionados da Primeira Guerra Mundial, também na Alemanha, reuniu-se para praticar esporte. Em 1932, surgiu, na Inglaterra, a Associação Golfista de Um Só Braço (Pérez, 1994).

Em 1922, foi fundado o Comitê Internacional de Esportes para Surdos – em francês, Comité International des Sports des Sourds (CISS) –, a mais antiga associação de desporto para pessoas com deficiência em âmbito internacional. A CISS é membro do IPC, porém não participa dos Jogos Paralímpicos; ela organiza sua própria competição internacional – os Jogos do Silêncio ou Deaflympics.

O esporte, como prática para pessoas com deficiência física, efetivou-se na Inglaterra, no ano de 1944, quando, em Aylesbury, foi construído o Hospital de Stoke Mandeville. O médico alemão Sir Ludwig Guttmann, neurocirurgião e neurologista, foi convidado pelo governo britânico para dirigir essa instituição com o objetivo de receber lesados medulares advindos da Segunda Guerra Mundial (Mattos, 1990; Varela, 1991).

Ludwig Guttmann introduziu as atividades esportivas como parte essencial do tratamento médico para a recuperação dos comprometimentos gerados por lesões medulares. Depois de estudar o gesto esportivo como forma terapêutica e de integração social, Guttmann iniciou o que se tornaria o desencadeador da prática desportiva entre as pessoas com deficiência, adaptando a prática da atividade física ao processo de reabilitação em seus pacientes (Varela, 1991).

As atividades desportivas que tiveram seu início em 1944 foram o arco e flecha (hoje, tiro com arco), o tênis de mesa e o arremesso de dardo. O primeiro esporte em equipe desenvolvido foi o polo em cadeira de rodas, que mais tarde foi substituído pelo *netball* em cadeira de rodas. Somente em 1947 foi introduzido o basquetebol sobre rodas (Strohkendl, 1996).

Figura 1.1 Competição de basquetebol em cadeira de rodas

Por ocasião dos Jogos Olímpicos de Verão que aconteceram na Inglaterra, em 1948, Guttmann aproveitou para criar os Jogos de Stoke Mandeville para paraplégicos. Esses jogos passaram a acontecer anualmente e, em 1952, um grupo de atletas da Holanda foi convidado por Guttmann para participar das competições. Tal fato contribuiu para que, a partir dessa data, o nome da competição fosse alterado de Jogos de Stoke Mandeville para Jogos Internacionais de Stoke Mandeville – em inglês, International Stoke Mandeville Games (ISMG) –, possibilitando, assim, a formação da Federação Internacional de Stoke Mandeville (ISMGF) (Mattos, 1990; Toque a Toque, 1988).

A partir desse momento, esforços foram somados para que, em 1960, acontecessem oficialmente os primeiros Jogos Paralímpicos. O Comitê Olímpico Internacional (COI), aproveitando os Jogos Olímpicos de Roma, instituiu a realização dos **Jogos Paralímpicos** (Paralympics Games) ou **Paralimpíadas**, nome dado às olimpíadas em que participam pessoas com deficiência (DePauw; Gavron, 1995; Giacobbi Jr., 1988; Toque a Toque, 1988).

Assim, a partir daquele ano, as Paralimpíadas foram disputadas em Roma, na Itália (1960); Tóquio, no Japão (1964); Tel Aviv, em Israel (1968); Heidelberg, na Alemanha (1972); Toronto, no Canadá (1976); e Arnhem, na Holanda (1980). Em 1984, os jogos foram realizados em dois locais diferentes: em Stoke Mandeville, na Inglaterra, para atletas com deficiência física, e na universidade do Condado de Nassau, em Nova York, nos Estados Unidos, para atletas com deficiência visual. Desde então, o COI determinou que os Jogos Paralímpicos sejam realizados na mesma época e na mesma cidade que os Jogos Olímpicos, o que aconteceu sistematicamente a partir da Olimpíada de Seul, na Coreia do Sul (1988), seguida por Barcelona, na Espanha (1992); Atlanta, nos Estados Unidos (1996); Sidney, na Austrália (2000); Atenas, na Grécia (2004); Pequim, na China (2008); Londres, na Inglaterra (2012); e Rio de Janeiro, no Brasil (2016).

Participam dos esportes paralímpicos atletas que apresentem um (ou mais) dos dez comprometimentos elegíveis do Movimento Paralímpico (IPC, 2016a):

1. diminuição da força muscular;
2. diminuição da amplitude de movimento (ADM);
3. deficiência de membros;
4. diferença de comprimento de membros inferiores (MMII)
5. baixa estatura;

6. hipertonia;
7. ataxia;
8. atetose;
9. deficiência visual;
10. deficiência intelectual.

Cada esporte paralímpico de inverno e/ou de verão tem definidos quais são os comprometimentos elegíveis para que atletas possam dele participar, mas sempre será um (ou mais) dos dez listados anteriormente.

Originalmente, o termo *paralimpíadas* foi utilizado por uma paraplégica, Alice Hunter, paciente do hospital de Stoke Mandeville, que escreveu para a revista *The Cord Journal of the Paraplegics* o artigo intitulado "Alice at the Paralympiad" para descrever sua história no esporte.

A maioria dos esportes paralímpicos caracteriza-se por modificações ou adaptações dos esportes convencionais, com normas de classificação que permitem o desenvolvimento das capacidades funcionais de cada atleta. Entretanto, na maior parte dos esportes, participam atletas com todos os tipos de deficiência (competindo entre membros de seu grupo), e algumas modalidades, como o judô e o *goalball*, são disputados apenas por atletas com deficiência visual.

Como ocorre em todos os demais movimentos esportivos, a melhora do rendimento tem sido também um tema que tem preocupado o desporto paraolímpico no que diz respeito ao uso de substâncias ilícitas com a finalidade de potencializar a *performance* atlética. As listas de substâncias e de procedimentos avaliados nas provas de *dopping* dos atletas paralímpicos são as mesmas das provas dos atletas olímpicos.

O Comitê Paralímpico Internacional reconhece 22 esportes para os Jogos de Verão e 6 esportes para os Jogos de Inverno (Quadro 1.1).

Quadro 1.1 Esportes paralímpicos de verão e de inverno

| Esportes de verão | Esportes de inverno |
|---|---|
| Atletismo | Biatlo |
| Basquete em cadeira de rodas | *Curling* em cadeira de rodas |
| Bocha | Esqui alpino |
| Canoagem | Esqui nórdico |
| Ciclismo | Hóquei no gelo |
| Esgrima em cadeira de rodas | *Snowboard* |
| Futebol de 5 | |
| *Goalball* | |
| Halterofilismo | |
| Hipismo | |
| Judô | |
| Natação | |
| Parabadminton | |
| Parataekwondo | |
| Remo | |
| Rúgbi em cadeira de rodas | |
| Tênis de mesa | |
| Tênis em cadeira de rodas | |
| Tiro com arco | |
| Tiro esportivo | |
| Triatlo | |
| Vôlei sentado | |

Fonte: Elaborado com base em IPC, 2020c.

## 1.5.2 Modalidades paralímpicas de verão presentes nos Jogos de Tóquio 2020[1]

Os Jogos Olímpicos e Paralímpicos de Tóquio 2020 foram adiados para 2021 pela impossibilidade do início das competições na data prevista inicialmente, por conta da pandemia do novo coronavírus. Ainda assim, foram mantidos os nomes dos jogos com o ano de 2020.

A seguir, apresentaremos as modalidades paralímpicas dos jogos de verão.

### Atletismo

A fim de dar melhores condições técnicas para seu desenvolvimento, as regras do atletismo têm sido constantemente revistas. Podem participar das competições atletas que apresentem os seguintes comprometimentos: diminuição da amplitude dos movimentos; diminuição da força muscular; deficiência de membros; ataxia; atetose; espasticidade; hipertonia; diferença de comprimento de membros; deficiência visual; e deficiência intelectual. As provas são as de pista (Figuras 1.2 e 1.3), de campo (Figura 1.4) e de rua – que abrange a maratona (paralímpica) (Figura 1.5) e a meia-maratona (não paralímpica).

---

[1] Conforme consta no *site* oficial da competição, disponível em: <https://www.paralympic.org/sports>. Acesso em: 16 out. 2020.

Figura 1.2 Prova de pista: atletismo 1

As provas para as classes T11 e T12 podem ser disputadas com o auxílio de atleta-guia (Figura 1.4), que corre ao lado do competidor ligado a ele por uma corda.

Figura 1.3 Prova de pista: atletismo 2

O atleta-guia tem a função de direcionar o atleta, mas não deve puxá-lo, sob pena de desclassificação. As competições seguem as regras da Federação Internacional de Atletismo (World Para Athletics, 2020).

O lançamento de dardo (Figura 1.4) é uma das provas de campo do atletismo.

Figura 1.4 Prova de campo: lançamento de dardo

Will Amaro

A maratona (Figura 1.6) acontece desde os Jogos Paralímpicos de Verão de 1984 em Stoke Mandeville e em Nova York[2] (IPC, 2014).

---

[2] "Os Jogos Olímpicos de 1984 foram realizados em Los Angeles (EUA) e, pela primeira e única vez, os Jogos Paralímpicos foram disputados em dois continentes, simultaneamente: Europa (Inglaterra), para atletas em cadeiras de rodas, e América (Estados Unidos), para atletas com paralisia cerebral, deficiências visuais e amputados" (São Paulo, 2020).

Figura 1.5 Maratona

Will Amaro

### ■ Parabadminton

Conforme o Comitê Paralímpico Brasileiro (CPB, 2020b) explica em seu *site*,

> O parabadminton [Figura 1.6] é o badminton estruturado para pessoas com deficiências físicas e terá a sua estreia nos Jogos Paralímpicos de Tóquio 2020. Atletas em cadeira de rodas e andantes utilizam uma raquete para golpear uma peteca na quadra dos adversários competindo em provas individuais, duplas (masculinas e femininas) e mistas em seis classes funcionais diferentes.

Figura 1.6 Parabadminton

Will Amaro

A Federação Mundial de Badminton – em inglês, Badminton World Federation (BWF)[3] – é responsável pela promoção e pela organização da modalidade em âmbito internacional. São elegíveis para o parabadminton os seguintes comprometimentos: visual; intelectual; auditivo; ataxia; atetose; espasticidade; diminuição da força muscular; diminuição da amplitude de movimento; deficiência de membros; baixa estatura; e diferença de comprimento de membros (BWF, 2020).

### Basquete em cadeira de rodas

O basquete em cadeira de rodas é um dos esportes mais antigos e mais populares dos Jogos Paralímpicos. Ele é disputado em uma quadra de basquete (Figura 1.7) por pessoas que apresentem os seguintes comprometimentos: diminuição da força muscular; diminuição da amplitude de movimento; hipertonia; deficiência de membros; ataxia; atetose; e diferença de comprimento de membros inferiores. Os regulamentos são os mesmos do basquetebol convencional, com pequenas adaptações (IPC, 2016b).

Figura 1.7 Basquete em cadeira de rodas

Will Amaro

---

[3] Disponível em: <https://corporate.bwfbadminton.com/para-badminton/>. Acesso em: 16 out. 2020.

## Bocha paralímpica

Esse antigo jogo está presente no programa paralímpico desde 1992 e foi inicialmente adaptado com sucesso para pessoas com paralisia cerebral; atualmente, pessoas com outros tipos de deficiência física severa disputam a modalidade. Desde que contemplem os critérios mínimos de elegibilidade, podem participar pessoas que apresentem: atetose; ataxia; espasticidade; deficiência de membros; diminuição da força muscular; e diminuição da amplitude de movimento. Os atletas podem competir de forma individual, em duplas ou em equipes. O jogo é disputado com 6 bolas brancas e 6 bolas vermelhas, sendo que o atleta deve lançar bolas o mais perto possível da bola branca. A Figura 1.8 mostra um atleta de bocha no momento em que vai lançar uma bola (Bisfed, 2018).

Figura 1.8 Atleta de bocha lançando a bola

Will Amaro

## Canoagem

Podem participar da canoagem atletas com deficiência física que apresentem os seguintes comprometimentos: diminuição da força muscular; diminuição da amplitude de movimento; ou deficiência de membros. São dois tipos de barco, o caiaque (K) (Figura 1.9), que debutou nos Jogos Paralímpicos do Rio de Janeiro (2016), e o *va'a* (V), que fará sua estreia nos Jogos Paralímpicos de Tóquio (2020). O caiaque é impulsionado por um remo de duas pás, e o *va'a* é uma canoa que tem um casco chamado *ama* como suporte flutuante e o remo com uma pá. Em ambos os casos há três classes diferentes para homens e mulheres, sendo KL1, KL2 e KL3 para o caiaque e VL1, VL2 e VL3 para o *va'a*. Em disputas internacionais, todas as provas são eventos individuais com distância de 200 m (ICF, 2020).

Figura 1.9 Paracanoagem: caiaque

Shane Gross/Shutterstock

### Ciclismo

As provas de ciclismo acontecem em dois locais: o velódromo (Figura 1.10) e em ruas, incluindo eventos individuais e por equipes.

Figura 1.10 Ciclismo

Os oito tipos de comprometimentos físicos a seguir são elegíveis para o paraciclismo (o atleta deve ter pelo menos um deles): atetose; hipertonia; ataxia; deficiência de membros; comprometimento na visão, na força muscular ou na amplitude de movimento; e diferença de comprimento em membros inferiores. Os atletas cegos e com baixa visão utilizam bicicletas tandem (com dois assentos), com um parceiro que enxerga formando a equipe (UCI..., 2020).

■ **Esgrima em cadeira de rodas**

Os comprometimentos elegíveis para disputa da esgrima em cadeira de rodas (Figura 1.11) são: atetose; hipertonia; ataxia; deficiência de membros; diminuição da força muscular; diminuição da amplitude de movimento; e diferença de comprimento em membros inferiores.

Figura 1.11 Esgrima em cadeira de rodas

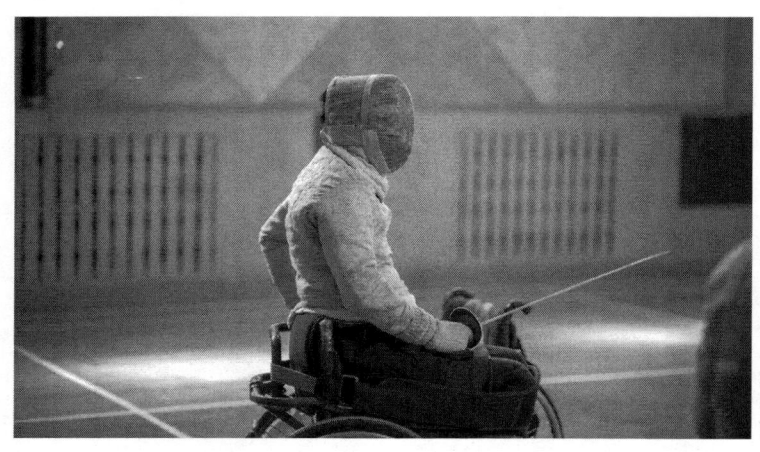

Os atletas são alocados em duas classes esportivas que dependem de sua função de tronco, sendo que todos competem em cadeiras de rodas, presos a um fixador no solo, mas tendo os movimentos livres para tocar o corpo do adversário. O evento programado inclui como armas a espada, o sabre e o florete (IPC, 2016c).

### Futebol de 5

O futebol de 5 é uma modalidade em que participam apenas atletas com deficiência visual. As partidas acontecem em uma quadra de futsal adaptada. O goleiro enxerga e deve cumprir uma exigência: não ter participado de competições oficiais da Federação Internacional de Futebol (Fifa) nos últimos 5 anos. Próximo às linhas laterais, são colocadas placas/bandas com o objetivo de evitar que a bola saia do campo. Cada time é formado por 5 jogadores – 1 goleiro e 4 na linha. Os jogadores de linha utilizam vendas (Figura 1.12), e a bola tem guizos para facilitar sua localização pelos atletas.

Figura 1.12  Futebol de 5

Will Amaro

Durante a partida, a torcida deve permanecer em silêncio, exceto no momento do gol. Existe ainda um "chamador", que fica atrás do gol adversário, com o objetivo de orientar os atletas de seu time (CPB, 2020a).

### Goalball

O *goalball* (Figura 1.13) foi criado em 1946 com o objetivo de auxiliar a reabilitação dos veteranos que haviam perdido a visão durante a Segunda Guerra Mundial. É um jogo intenso em que uma equipe de três jogadores com deficiência visual (todos jogam vendados) lançam a bola no gol do time oponente.

Figura 1.13 *Goalball*

Will Amaro

Guizos dentro da bola guiam o curso do jogo. Esse esporte é praticado em ambiente fechado, e as linhas demarcatórias têm as dimensões similares às da quadra de voleibol (IPC, 2020g).

- **Halterofilismo**

Essa modalidade é aberta a ambos os sexos, masculino e feminino (desde os Jogos de Sidney, em 2000). Os atletas competem no *benchpress* (banco para a realização do supino). Podem participar aqueles que apresentem os seguintes comprometimentos: atetose; hipertonia; ataxia; deficiência de membros; diminuição da força muscular; diminuição da amplitude de movimento; diferença de comprimento em membros inferiores; e baixa estatura. O atleta deve ter ao menos um desses tipos de deficiência em seus membros inferiores (Figura 1.14), de maneira que comprometa sua participação no halterofilismo convencional. Todos os atletas elegíveis competem em uma classe esportiva, mas em diferentes categorias de peso (IPC, 2020h).

Figura 1.14 Halterofilismo

## Hipismo

Essa modalidade foi incluída nos Jogos Paralímpicos de Nova York, em 1984; depois, saiu do programa das competições para retornar nos Jogos de Sydney, em 2000. O hipismo está aberto à participação de pessoas com deficiência visual e física (qualquer um dos oito comprometimentos elegíveis do IPC) em prova de adestramento (IPC, 2020f).

Figura 1.15 Hipismo

### Judô

O judô fez sua estreia nos Jogos Paralímpicos de Seul, em 1988, e esteve em todas as edições desde então. As mulheres começaram a competir nos Jogos de Atenas, em 2004. As disputas seguem as mesmas regras do judô olímpico, com alteração apenas no início, pois os atletas devem começar a luta e permanecer durante o combate segurando o quimono dos oponentes (Figura 1.16). Participam da modalidade somente atletas com deficiência visual.

Figura 1.16 Judô

Master1305/Shutterstock

### Natação

As competições de natação figuram entre os maiores e mais populares eventos paralímpicos. A modalidade está aberta a atletas com deficiência física, como podemos ver na Figura 1.17, bem como com deficiência intelectual ou visual (totalizando os dez comprometimentos elegíveis do Movimento Paralímpico). Durante a competição, atletas não podem competir com próteses nem com dispositivos auxiliares, como alguma tecnologia que pudesse favorecer o atleta para que se desloque mais rápido, por exemplo.

Figura 1.17 Natação

A principal adaptação para atletas com deficiência visual é feita na virada, quando o técnico pode avisar o atleta da proximidade da borda da piscina, por um toque com um cabo de madeira ou com outro material com ponta de espuma. Os nadadores B1 (classificação esportiva para atletas com deficiência visual) nadam com óculos tipo *blackout* (IPC, 2020e).

### Parataekwondo

O parataekwondo (Figura 1.18) vai debutar nos Jogos de Tóquio de 2020. A entidade que administra o esporte no mundo é a Federação Mundial de Taekwondo – em inglês, World Taekwondo (WT) – e, no Brasil, é a Confederação Brasileira de Taekwondo (CBTKD). "O primeiro campeonato mundial de parataekwondo foi realizado em 2009, na cidade de Baku – Azerbaijão. Atualmente o campeonato mundial é realizado a cada 2 anos e após 2020 se tornará anual" (CPB, 2020c). Podem competir no esporte atletas com deficiência de membros (IPC, 2020i).

Figura 1.18 Parataekwondo

## Remo

O remo (Figura 1.19) entrou no programa paralímpico em 2005, e sua estreia foi nos Jogos Paralímpicos de Pequim, em 2008. São comprometimentos elegíveis para a modalidade: visual; ataxia; atetose; espasticidade; diminuição da força muscular; diminuição da amplitude de movimento; e deficiência de membros (World Rowing, 2020).

Figura 1.19 Remo

### Rúgbi em cadeira de rodas

O rúgbi em cadeira de rodas (Figura 1.20) foi um dos eventos de demonstração nas Paralimpíadas de Atlanta, em 1996. Em Sydney, em 2000, passou a ser considerado como esporte de disputa de medalhas. O rigoroso estilo da modalidade requer um excelente manejo da cadeira durante o jogo. Participam do rúgbi em cadeira de rodas atletas com diferentes tipos de comprometimentos no sistema nervoso central e periférico. Além disso, são aceitos atletas com múltiplas amputações, más-formações congênitas e outros comprometimentos, desde que o tipo de dificuldade afete o desempenho esportivo de maneira semelhante à de um atleta com tetraplegia (IWRF, 2020).

Figura 1.20 Rúgbi em cadeira de rodas

### Tênis de mesa

Essa modalidade foi introduzida nos primeiros Jogos Paralímpicos, em Roma (1960). É idêntico ao tênis de mesa convencional, com ligeira alteração na regra do saque. É jogado por pessoas com deficiência física, nas categorias masculina e feminina, por equipe e individual, em pé ou em cadeira de rodas (Figura 1.21).

Figura 1.21 Tênis de mesa

### Tênis em cadeira de rodas

Nessa modalidade, atletas em cadeiras de rodas jogam como no tênis tradicional, apenas com uma adaptação: a bola pode quicar até duas vezes antes de o jogador ter de mandá-la para o lado adversário, sendo que a segunda vez pode ser fora dos limites da quadra. As categorias são: masculino e feminino, individual e em duplas (Figura 1.22).

Figura 1.22 Tênis em cadeira de rodas

■ **Tiro com arco**

O tiro com arco (Figura 1.23), antes denominado *arco e flecha*, foi umas das primeiras atividades ministradas como possibilidades de reabilitação e tem sido praticado desde 1948. Está presente desde primeiros Jogos Paralímpicos, em Roma (1960). A competição é aberta para atletas com paralisia cerebral, amputados e usuários de cadeira de rodas, em competições com sistemas de resultados semelhantes aos da modalidade olímpica.

Figura 1.23 Tiro com arco

■ **Tiro esportivo**

O tiro esportivo (Figura 1.24) é aberto a pessoas com deficiência física e visual. São três classes existentes: SH1, SH2 ou SH3. A primeira (SH1) é para atiradores de pistola e de carabina que não requerem suporte para a arma. Já a SH2 é para atiradores de carabina que não têm habilidade para suportar o peso da arma com os braços e precisam de suporte para a arma. Por fim, a classe SH3 é destinada aos atletas com deficiência visual, que utilizam apenas o rifle como arma. Nas Paralimpíadas, só estão presentes as classes SH1 e SH2 (Tiro..., 2020), em três categorias, e as equipes podem ser mistas.

Figura 1.24 Tiro esportivo

### Triatlo

Recentemente, a modalidade estreou nos Jogos Paralímpicos Rio 2016. A União Internacional de Triatlo – em inglês, International Triathlon Union (ITU) – é a entidade responsável pelo esporte internacionalmente; no Brasil, a modalidade é administrada pela Confederação Brasileira de Triatlo (CBTri). As provas contemplam natação, ciclismo e corrida. Podem participar atletas com os seguintes comprometimentos: atetose; hipertonia; ataxia; deficiência de membros; diminuição da força muscular; diminuição da amplitude de movimento; diferença de comprimento em membros inferiores; e comprometimento visual (ITU, 2020).

### Vôlei sentado

O vôlei sentado (Figura 1.25) é praticado em uma quadra de 10 m × 6 m e com a rede a 1,15 m para homens e a 1,05 m para mulheres. São comprometimentos elegíveis: diminuição da força muscular;

diminuição da amplitude de movimento; deficiência de membros; diferença de comprimento de membros inferiores; hipertonia; ataxia; e atetose (World Paravolley, 2020).

Figura 1.25 Vôlei sentado

Will Amaro

### 1.5.3 Educação paralímpica

A educação paralímpica consiste em um conjunto de ações de caráter contínuo e permanente que visam integrar conhecimento, atividades práticas, ideais e valores paralímpicos em uma estratégia de ensino que seja capaz de possibilitar consciência e compreensão com relação às pessoas com deficiência e suas possibilidades (Cidade, 2010).

Os valores paralímpicos são: **coragem, determinação, inspiração e igualdade**. Há empenho e dedicação do Comitê Paralímpico Internacional para que esses valores sejam divulgados e trabalhados em todo o mundo, nas mais diversas esferas sociais.

*A **Coragem** de alcançar o inesperado, de se superar; a **Determinação** para seguir em frente, para levar a habilidade física ao limite absoluto; a **Inspiração** para mudar vidas através das histórias e conquistas* dos atletas paralímpicos; e a **Igualdade** promovida através do esporte enquanto agente de mudança para quebra de barreiras sociais e discriminação de pessoas com deficiência, são os valores do Movimento Paralímpico. Valores desenvolvidos ao longo de sua história que tem início após a II Guerra mundial, na cidade de Stoke Mandeville na Inglaterra com Ludwig Guttman. (Comitê Organizador dos Jogos Olímpicos e Paralímpicos Rio 2016, 2014, p. 8, grifo do original)

Nesse sentido, são objetivos da educação paralímpica:

- *criar um entendimento ampliado e aperfeiçoado da aplicação prática da inclusão na atividade;*
- *aplicar o esporte paralímpico para pessoas não deficientes como forma de integração inversa;*
- *informar sobre diferentes esportes e aplicabilidade em diferentes tipos de deficiência;*
- *fomentar a mudança de percepção e atitude em relação às pessoas com deficiência;*
- *aumentar o conhecimento sobre o esporte paraolímpico;*
- *promover atividades de investigação acadêmica e estudos sobre educação paraolímpica.* (Cidade, 2010, p. 62)

O professor é um exemplo e deve assimilar esses objetivos apresentando-se com atitudes positivas. Assim, é necessário pensar em:

- solicitar cooperação e bom relacionamento entre os alunos;
- promover a autoestima;
- priorizar canais de comunicação nos quais os alunos possam expressar-se e conhecer-se, como no caso de debates ou discussões em pequenos grupos;
- demonstrar respeito por todos os alunos e estimular o respeito e a valorização mútua entre eles, promovendo estratégias que fomentem cooperação e solidariedade;

- reservar um tempo para ouvir os alunos, tanto em grupo quanto individualmente;
- cuidar para que nenhuma criança ou adolescente sinta-se "café com leite" ou "invisível", planejando atividades que incluam todos os alunos.

Para isso, foi criado um dia especial para propagar essas ideias:

> O Dia Escolar Paralímpico tem por objetivo que crianças e adolescentes em idade escolar desenvolvam consciência e compreensão acerca da temática de pessoas com deficiência, deficiência e esportes. A ideia é que a comunidade escolar, como um todo, experimente um dia Paralímpico – um dia no qual todos estarão envolvidos em atividades esportivas e culturais relacionadas ao Movimento Paralímpico. (Comitê Organizador dos Jogos Olímpicos e Paralímpicos Rio 2016, 2014, p. 55)

O evento é uma oportunidade de promover conhecimento, reflexão e compreensão sobre as possibilidades das pessoas com deficiência.

O Dia Escolar Paralímpico pode ser estruturado em três fases: (1) planejamento; (2) execução; e (3) desenvolvimento pós-evento. O evento exige uma preparação cuidadosa envolvendo estudantes, professores e comunidade. É importante que o conhecimento adquirido, vivido e experimentado seja, depois, transferido a outras esferas de convivência dos alunos.

## ⦀ *Para saber mais*

CIDADE, R. E. Inclusão, deficiência e valores paraolímpicos. In: OLIVEIRA, A. A. B. de; PIMENTEL, G. G. de A. (Org.). **Recreio nas férias e os valores olímpicos**. Maringá: Eduem, 2010. p. 57-68. Disponível em: <https://www.lume.ufrgs.br/bitstream/handle/123456789/139/recreio%20valores%20olimpicos.pdf?sequence=6>. Acesso em: 16 out. 2020.

A autora trata de educação paralímpica com estratégias e exemplos de atividades que podem ser aplicadas na escola ou em projetos socioesportivos.

COMITÊ ORGANIZADOR DOS JOGOS OLÍMPICOS E PARALÍMPICOS RIO 2016. **Guia escolar paralímpico**. 2014. Disponível em: <https://docplayer.com.br/6391923-Guia-escolar-paralimpico.html>. Acesso em: 16 out. 2020.

Esse guia trata do movimento paralímpico, das modalidades e do processo de planejar e executar o evento do Dia Escolar Paralímpico.

IPC – International Paralympic Committee. **Paralympic School Day**. Disponível em: <https://www.paralympic.org/the-ipc/paralympic-school-day>. Acesso em: 16 out. 2020.

No *site* do IPC, há material didático e atividades de educação paralímpica para aplicar com crianças e adolescentes (em inglês).

MOVIMENTO Paralímpico: fundamentos básicos do esporte. Curso *on-line*. Disponível em: <https://impulsiona.org.br/esporte-paralimpico/>. Acesso em: 16 out. 2020.

Em parceria com o Ministério da Educação (MEC), o objetivo desse *site* é estimular o uso do esporte como ferramenta educacional, disponibilizando conteúdos e cursos rápidos para formação de professores.

## III *Síntese*

Neste primeiro capítulo, apresentamos as bases e a terminologia da educação física adaptada (EFA), situando historicamente essa área do conhecimento. Descrevemos ligeiramente o percurso da história da deficiência, com destaque para seus fundamentos e os termos *estigma, estereótipo* e *preconceito*.

Tratamos, ainda, de aspectos iniciais do processo de inclusão no âmbito da educação e dos possíveis desdobramentos de sua aplicação nas aulas de educação física. Abordamos, também, o planejamento e a avaliação de forma geral, tanto de programas quanto de alunos com deficiência e outras necessidades especiais. Por fim, apontamos alguns aspectos gerais do paradesporto e da educação paralímpica.

## ▎ Indicações culturais

### Filme

ESCRITORES da liberdade. Direção: Richard LaGravenese. Estados Unidos; Alemanha: Paramount Pictures, 2007. 123 min.

Em Los Angeles, uma dedicada professora de uma escola dividida por raças ensina uma turma segregada de alunos adolescentes que apresentam problemas de aprendizagem. O filme nos ajuda a pensar sobre o preconceito, o estigma e os estereótipos.

### Livros

DÉA, V. H. S. D. **Se inclui**. Goiânia: Gráfica da UFG, 2017. Disponível em: <https://seinclui.ciar.ufg.br/textos/1-boas-vindas-e-apresentacao.html>. Acesso em: 16 out. 2020.

Trata-se de um *e-book* que apresenta as necessidades especiais como diversidades – visual, auditiva e "neurodiversidade", entre outras.

GOFFMAN, E. **Estigma**: notas sobre a manipulação de identidade deteriorada. 2. ed. São Paulo: Zahar, 1982.

Essa obra clássica é uma interessante viagem pela situação de indivíduos incapazes de se adaptarem aos padrões "normalizados" da sociedade. São pessoas com deformações físicas, psíquicas ou de caráter – ou com qualquer outra característica que as torne diferentes e até inferiores aos olhos dos outros –, que lutam diária e constantemente para construir ou fortalecer uma identidade social.

MELLO, M. T. de; OLIVEIRA FILHO, C. W. de. (Ed.). **Esporte paralímpico**. São Paulo: Atheneu, 2012.

Esse livro tem como objetivo divulgar e consolidar o conhecimento sobre o esporte paralímpico. Com esse objetivo, a obra aborda desde os aspectos históricos, filosóficos e políticos do esporte paralímpico até a apresentação das modalidades esportivas disputadas nos Jogos Paralímpicos de Verão.

*Site*

I'M POSSIBLE. Disponível em: <https://im-possible.paralympic.org/>. Acesso em: 16 out. 2020.

O *I'm Possible* é um programa educacional desenvolvido em parceria com o Comitê Paralímpico Internacional (IPC) para difundir os valores paralímpicos e a visão do Movimento Paralímpico para crianças, adolescentes e jovens em todo o mundo. Por meio da educação para a inclusão e do conhecimento dos valores paralímpicos, o programa visa desafiar e mudar as percepções sobre as pessoas com deficiência, promovendo uma sociedade mais inclusiva.

## Atividades de autoavaliação

1. "Política tão antiga quanto a humanidade, a segregação apoia-se no tripé: preconceito, estereótipo e estigma" (Amaral, 1994, p. 40). Considerando essa afirmação, analise as assertivas a seguir e marque V para as verdadeiras e F para as falsas.

    ( ) O estereótipo é a arma poderosa que combate a inclusão.
    ( ) *Preconceito* significa "julgamento prévio, antes de conhecer".
    ( ) O estigma preenche todas as expectativas.
    ( ) A informação combate o preconceito.
    ( ) A discriminação está ligada à intolerância.

    Agora, assinale a alternativa que apresenta a sequência correta:
    a) V, F, V, V, F.
    b) V, F, F, V, F.
    c) F, F, F, V, V.
    d) F, V, F, V, V.
    e) F, F, V, F, F.

2. Levando-se em conta o que foi discutido neste capítulo, como o professor deve ensinar seus alunos?

   a) Fazendo com que o alunos participem ativamente da aula sem lhes dar oportunidade para sugerir jogos e mudanças de regras.
   b) Dando sempre as mesmas aulas para não confundir os alunos com deficiência.
   c) Adaptando e modificando as atividades para contemplar a heterogeneidade da turma.
   d) Promovendo e organizando longas filas, que são estratégias para conter a indisciplina.
   e) Separando os alunos com deficiência dos sem deficiência.

3. Com base na afirmação a seguir, analise as assertivas e marque V para as verdadeiras e F para as falsas.

   O objetivo da educação física adaptada é oferecer atendimento adequado às pessoas com necessidades especiais, visando proporcionar seu desenvolvimento geral. Para isso, o professor deve:

   ( ) observar as dificuldades e as possibilidades dos alunos, respeitando suas diferenças individuais.
   ( ) identificar as necessidades e as capacidades de cada pessoa quanto às suas possibilidades de ação e adaptação para os movimentos.
   ( ) facilitar a independência e a autonomia dos alunos na perspectiva dos processos de inclusão e de acolhimento social.
   ( ) propor aos alunos atividades que permitam sempre as mesmas possibilidades de execução.
   ( ) desconsiderar a idade e as habilidades motoras dos alunos.

Agora, assinale a alternativa que apresenta a sequência correta:

a) V, V, V, F, F.
b) V, V, F, F, F.
c) F, V, V, F, V.
d) F, V, F, V, F.
e) V, F, F, F, V.

4. Assinale a alternativa que melhor expressa a concepção sobre o paradesporto e a educação paralímpica:

   a) Esporte adaptado é o conjunto de atividades que só podem ser praticadas por atletas de alto rendimento.
   b) *Paradesporto* é o termo utilizado para designar o esporte que é praticado só por paraplégicos.
   c) Esporte paralímpico é o esporte que faz parte do programa das Paralimpíadas.
   d) As modalidades paralímpicas não podem ser adaptadas para as aulas de educação física na escola.
   e) Valores paralímpicos não são um assunto a ser trabalhado em educação paralímpica.

5. São valores paralímpicos:

   a) Igualdade, fraternidade, decisão e amizade.
   b) Coragem, determinação, inspiração e igualdade.
   c) Determinação, gentileza, igualdade e mansidão.
   d) Inspiração, mansidão, decisão e passividade.
   e) Cultura da Paz, sustentabilidade, coragem e determinação.

## Atividades de aprendizagem

*Questões para reflexão*

> Estereótipo e estigma são ferramentas do preconceito e da segregação, em uma dinâmica de desconhecimento que leva a um círculo vicioso nas relações sociais.

1. Com base nessa afirmação, reflita sobre como essa dinâmica ocorre na vida das pessoas com algum tipo de deficiência e indique exemplos.

2. Reflita como as palavras pejorativas e os apelidos como *surdinho*, *tadinho*, *cegueta* e *mula manca*, entre outros que circulam entre as crianças e os adolescentes na escola, podem levar garotos e garotas com deficiência ao isolamento e à segregação. Depois, indique pelo menos uma atividade para trabalhar com alunos a fim de fazê-los pensar sobre o uso abusivo das palavras e traçar uma estratégia para a mudança de seus comportamentos.

## Atividade aplicada: prática

1. Elabore uma atividade usando um esporte paralímpico que possa ser aplicado em quadra, nas aulas de educação física, para que os alunos, vivenciando algum tipo de restrição (visual ou física), possam refletir sobre a inclusão de pessoas com deficiência. A seguir, apresentamos um exemplo.

> [...] **Vivenciando a bocha**
> **Objetivo**: Conhecer o esporte bocha.
> **Material**: bolinha de gude, giz, bolas de meia ou bolas de tênis
> **Desenvolvimento**: Explorar o jogo de bolinhas de gude – suas regras, variações e sua experimentação. Na sequência, propor algumas alterações no jogo, aproximando-o de tal modo da bocha que, ao final, a única diferença sejam as características da bola. Em um segundo momento, trabalhar o jogo de bocha em dimensões reais, demarcando o campo com giz e utilizando bolas de meia ou de tênis. Podem ser desenvolvidas atividades intermediárias, como jogos de precisão com círculos desenhados no chão, os quais devem ter tamanhos variados e estar a distâncias distintas da posição de lançamento, recebendo pontuações específicas em função destas características. Identificada por uma cor de bola, cada equipe deve, num tempo predeterminado, fazer a maior pontuação possível. As equipes podem lançar simultaneamente ou não.
>
> Fonte: Comitê Organizador dos Jogos Olímpicos e Paralímpicos Rio 2016, 2014, p. 47.

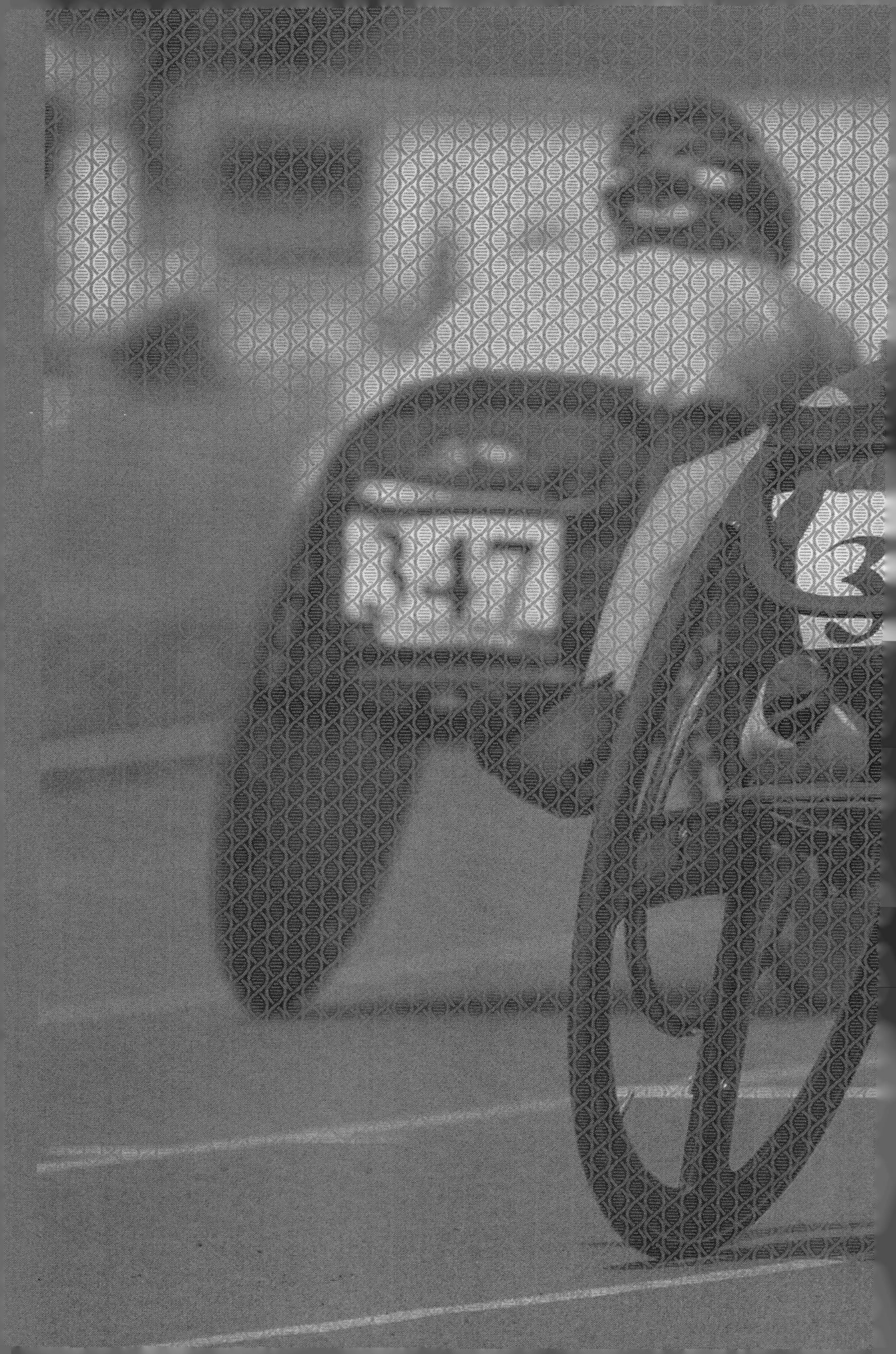

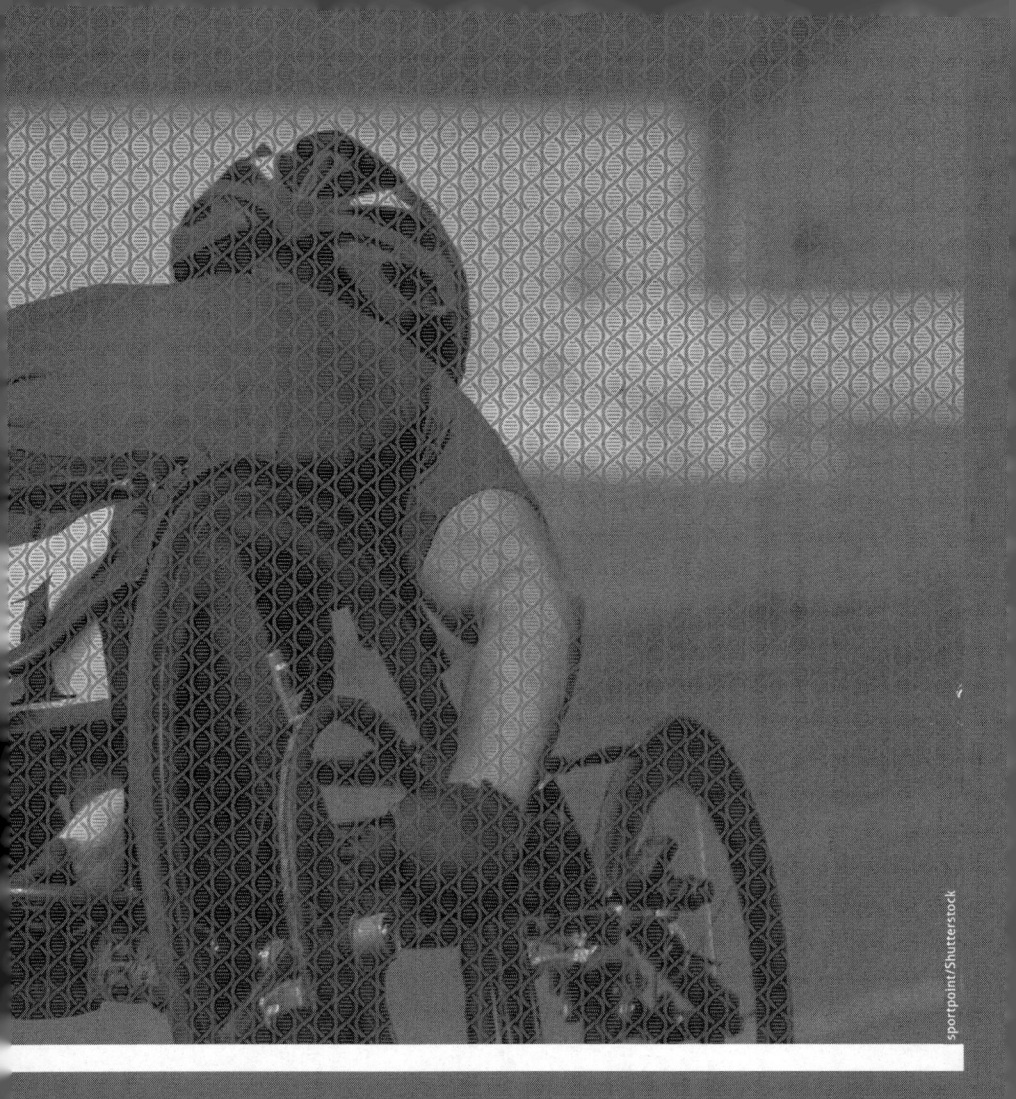

# Capítulo 2

## Deficiências sensoriais

*Ruth Eugênia Cidade*

Neste capítulo, vamos abordar os conceitos básicos e as formas de manifestação das deficiências sensoriais (visual e auditiva). O objetivo é contribuir para a aquisição do conhecimento necessário para subsidiar a elaboração do planejamento e a aplicação de um programa de atividades. Nesse sentido, proporemos ideias gerais que possam estimular a curiosidade, a pesquisa e a criatividade na utilização de estratégias de intervenção para programas de treinamento, de *personal trainer*, de recreação e de aulas de educação física.

## 2.1 Deficiência visual: apontamentos conceituais, causas e classificação

A deficiência visual refere-se à perda total ou parcial da capacidade de ver, abrangendo comprometimentos de acuidade e/ou do campo visual. Às pessoas com deficiência visual têm-se atribuído diferentes denominações, porém as mais comuns são *cego*, *pessoa de baixa visão* e *pessoa de visão subnormal*, entre outras. Veremos mais adiante que as deficiências visuais podem ser de origem congênita (ocorrem antes ou durante o nascimento) ou adquiridas (ocorrem durante ou após a infância).

Para as discussões que propomos neste capítulo, é preciso ter uma noção fundamental do que são **acuidade visual** e **campo visual**. A primeira é a capacidade de distinguir detalhes considerando-se a distância entre o olho e o objeto; o segundo corresponde à possibilidade e ao limite de visão de cada olho, ou seja, até que ponto horizontal e vertical o olho é capaz de ver (Munster; Almeida, 2008).

Existem várias classificações para a deficiência visual, as quais são definidas sob os aspectos legal, médico, educacional e esportivo.

■ Classificação legal

Depois de detectada a deficiência visual, a classificação legal permite à pessoa o acesso ao direito aos atendimentos previstos pela lei e a obtenção de recursos da Previdência Social, de modo a viabilizar o exercício da cidadania, o que pode variar de acordo com o estabelecido em cada país.

A comprovação da deficiência está definida no Decreto n. 5.296, de 2 de dezembro de 2004, em seu art. 70, inciso III:

*III – deficiência visual – cegueira, na qual a acuidade visual é igual ou menor que 0,05 no melhor olho, com a melhor correção óptica; a baixa visão, que significa acuidade visual entre 0,3 e 0,05 no melhor olho, com a melhor correção óptica; os casos nos quais a somatória da medida do campo visual em ambos os olhos for igual ou menor que 60°; ou a ocorrência simultânea de quaisquer das condições anteriores;* (Brasil, 2004)

Portanto, na classificação legal, a deficiência visual é caracterizada por uma limitação no campo de visão. Pode variar da cegueira total à visão subnormal, nesse caso, conforme a diminuição na percepção de cores e o aumento da dificuldade de adaptação à luz.

## Classificação médica

A classificação médica para determinar a restrição visual considera parâmetros médicos, como a acuidade, que representa a capacidade de percepção; já o campo visual é a área inteira que pode ser vista quando um dos olhos se dirige diretamente a um ponto fixo.

- **Cegueira por acuidade:** *significa possuir visão de 20/200 pés ou inferior, com a melhor correção (uso de óculos). É a habilidade de ver em 20 pés ou 6,096 metros, o que o olho normal vê em 200 pés ou 60,96 metros (ou seja, 1/10 ou menos que a visão normal), onde 1pé = 30,48 cm.*
- **Cegueira por campo visual:** *significa ter um campo visual menor do que 10° de visão central – ter uma visão de túnel.*
- **Cegueira total ou "não percepção de luz":** *é a ausência de percepção visual ou a inabilidade de reconhecer uma luz intensa exposta diretamente no olho.* (Crós et al., 2006, grifo do original)

## Classificação educacional

Na classificação educacional, os alunos podem ser divididos em dois subgrupos conforme suas necessidades educacionais especiais:

1. **Pessoa com baixa visão** – É o indivíduo com dificuldades para desempenhar tarefas visuais, mesmo com prescrição de lentes corretivas, mas que pode aprimorar sua capacidade de realizar tais tarefas com a utilização de estratégias visuais compensatórias, de baixa visão e outros recursos, além de modificações ambientais.
2. **Pessoa cega** – É o indivíduo que, mesmo tendo alguma percepção de luz, tem a aprendizagem baseada em ferramentas do tipo braile, podendo ser auxiliado também por um conjunto manual de reglete e punção ou uma máquina de datilografia especial.

### Curiosidade

Apresentada pela primeira vez em 1837 por Louis Braille, a reglete é composta por uma placa superior com diversos retângulos vazados, correspondentes aos espaços de escrita em braile (denominados *celas braile*). Introduzindo-se um instrumento denominado *punção* com uma ponta côncava dentro de cada retângulo vazado da placa superior da reglete, pressiona-se a folha de papel entre as duas placas contra os pontos côncavos dispostos na placa inferior para formar o símbolo em braile correspondente a letras, números ou a qualquer outro caractere que se deseja escrever (Alisson, 2013).

A **visão monocular** caracteriza-se pela perda total de visão de um dos olhos. Apesar de muitas vezes se acreditar que a pessoa com visão monocular não tem grandes dificuldades, isso é totalmente incorreto. A visão monocular diminui significativamente o campo visual e dificulta a visão tridimensional, comprometendo a noção de profundidade (Déa, 2017).

- **Classificação esportiva**

Nesse tipo de classificação, as classes visuais são as seguintes:

> **B1**[1] **(cego)**: atletas com cegueira que não apresentem percepção luminosa, indo até a capacidade de perceber uma fonte luminosa, mas não conseguindo definir a orientação de um optotipo E com a escala oftálmica LogMAR[2] 2.6;
>
> **B2 (baixa visão)**: acuidade visual entre LogMAR 2.5 e 1.6 e/ou campo visual de diâmetro menor que 5 graus;
>
> **B3 (baixa visão)**: acuidade visual capaz de reconhecer um optotipo na escala LogMar 1.5 até 1.00 e/ou campo visual com diâmetro inferior a 20 graus.

Fonte: Silva; Vital; Mello, 2012, p. 51-52.

## 2.1.1 Causas da deficiência visual

Várias são as causas da deficiência visual. Didaticamente, podemos dividi-las da maneira apresentada na sequência (Bueno; Resa, 1995; Munster; Almeida, 2008; Winnick, 2004).

### 2.1.1.1 Causas congênitas

A hereditariedade tem o papel de maior importância em muitas alterações congênitas (por exemplo, o albinismo). Certos tipos de catarata congênita têm caráter familiar, ao passo que outras podem ocorrer como reação à influência intrauterina.

---

[1] A letra "B" nesta e nas duas próximas categorias refere-se ao termo inglês *blind*, que, em português, significa "cego".

[2] LogMAR corresponde a *Logarithm of the Angle of Resolution* (combina resultados na tabela Snellen e o ângulo mínimo de resolução). LogMAR 1 equivale à acuidade visual de 6 a 60 metros. Quanto maior for o LogMAR, menor será o nível de visão.

- **Infecções transplacentárias**
  - Toxoplasmose – É causada pelo protozoário *Toxoplasma gondii* e seu hospedeiro definitivo é o gato. Quando a contaminação materna ocorre na fase inicial da gestação, ocorre a morte do embrião. Quanto mais avançado for o estado de gravidez, menores serão as chances de contaminação do feto.
  - Rubéola – É uma infecção febril e virótica. Quando ocorre no primeiro trimestre da gravidez, pode ocasionar no feto más-formações oculares congênitas, cardiopatias e surdez (que ameaçam 10% dos recém-nascidos vivos). A complicação ocular mais frequente é a catarata bilateral, em 80% dos casos.

- **Infecções neonatais**
  - Oftalmia gonocócica do recém-nascido – É uma conjuntivite aguda de um ou ambos os olhos do recém-nascido, com intensa congestão conjuntival e secreção purulenta.
  - Sarampo – Trata-se de uma doença aguda e virótica muito contagiosa, com evolução febril. Quando resulta em cegueira, a causa é mais uma lesão retiniana do que corneana. Meningites, encefalites e sarampo raramente dão lugar à atrofia óptica.
  - Prematuridade – Também chamada de *fibroplasia retrolental*, caracteriza-se por excesso de oxigênio na incubadora, que causa uma vasoconstrição retiniana generalizada.
  - Erros inatos do metabolismo (EIM) – São geneticamente determinados por desordens que afetam as vias metabólicas da biotransformação no corpo.

    *Estes são resultantes da deficiência de atividade de enzimas essenciais, deficiências de cofatores ou ativadores enzimáticos, ou defeito no transporte de determinado composto. Existem por volta de 200 a 300 "erros metabólicos" conhecidos, podendo ser agrupados pelos seus metabólitos, vias metabólicas, função enzimática ou envolvimento de organela celular [...].* (Mustacchi; Peres, 2000, p. 431)

Entre os diversos erros inatos do metabolismo que podem causar deficiência visual, destacamos, para exemplificar: galactosemia (condição caracterizada pela incapacidade do organismo de metabolizar a galactose em glicose) e homocistinúria (aminoácido chamado *metionina*, presente nas proteínas; o acúmulo desse aminoácido se torna tóxico para o organismo).

### 2.1.1.2 Causas decorridas na infância

As causas de cegueira infantil são muitas: distrofia retiniana, catarata, albinismo, por deficiência de vitamina A, sarampo, meningite, trauma, retinopatia da prematuridade, oftalmia neonatal, rubéola e toxoplasmose adquiridas na gestação, entre outras.

Rocha (1987) aponta algumas das causas de deficiência visual decorridas na infância, entre as quais estão os **tumores**, como o retinoblastoma, os **traumatismos**, como acidentes ocorridos na infância, e o que o autor denominou **síndrome da criança maltratada** (Rocha, 1987).

### 2.1.1.3 Causas decorridas na idade adulta

No adulto, as maiores causas de cegueira são as seguintes: glaucoma, diabetes, degeneração macular senil e deslocamento de retina.

- Glaucoma – É a elevação da pressão intraocular, com alterações no campo visual. Não foi estabelecida, ainda, a forma de herança para o glaucoma; no entanto, a doença tem características nitidamente familiares.

- Diabetes – Estima-se que cerca de 2% de toda a população diabética seja cega e que indivíduos diabéticos tenham de 1 a 20 vezes mais propensão à cegueira. Em geral, a diabetes aumenta a pressão intraocular, causando o glaucoma em diversos níveis.
- Degeneração macular senil – É caracterizada pela degeneração do cório capilar e pela hipertensão arterial. A prevalência da degeneração macular senil é incrementada após os 75 anos e chega a atingir 27% de homens e mulheres de 75 a 85 anos de idade.
- Deslocamento de retina – Caracteriza-se pela perda do contato da retina com sua membrana nutridora (coroide), que se atrofia pelo acúmulo de líquido que entra por debaixo da retina, levantando-a e deslocando-a, ou por contusões diretas nos olhos.

São muitas e diversas as causas de deficiência visual. "A cegueira tem profundas consequências humanas e socioeconômicas. Os custos de perda de produtividade, da reabilitação e da educação dos cegos constituem uma dificuldade econômica significativa para o indivíduo, a família e a sociedade" (Ottaiano et al., 2019, p. 32).

## 2.1.2 Adaptação de programas de treinamento, de *personal trainer* e de recreação para pessoas com deficiência visual

Todo o programa deve estar baseado na identificação de necessidades e de possibilidades motoras do indivíduo com deficiência visual. A estimulação essencial, as atividades motoras adaptadas, a orientação e a mobilidade constituem algumas das atividades que abrangem o desenvolvimento da pessoa envolvida. Essas atividades favorecem o surgimento de condições básicas para um adequado procedimento na aquisição de habilidades básicas, ou seja, andar, correr, saltar e trepar, entre outras, por meio do conhecimento, do controle e do domínio do corpo no espaço.

A principal alternativa de recepção de informação para os que têm deficiência visual é o canal auditivo, por isso os indivíduos com essa condição podem encontrar alguma dificuldade para relacionar a aprendizagem com o mundo real e compreender o meio que os rodeia (Bueno; Resa, 1995; Craft; Lieberman, 2004).

No capítulo anterior, definimos as concepções de programas de treinamento, de *personal trainer* e de recreação. Assim, no planejamento e na aplicação das estratégias de ensino nessa perspectiva, devem-se considerar os cuidados que destacamos a seguir.

## Mãos à obra

Inicialmente, pergunte ao aluno quando (com que idade) ocorreu a perda da visão e se ela continua evoluindo. Com base nas respostas, busque informações relativas à anamnese médica, social, psicológica e familiar como ponto de partida para o planejamento de atividades.

Pesquise se há atividade contraindicada. Para o aluno de baixa visão, investigue com os outros profissionais que já o conhecem se ele está propenso a problemas como deslocamento de retina, glaucoma ou outras situações que o impeçam de ser submetido a exercícios ou a atividades que compreendam combate, saltos, quedas ou mergulhos.

Realize uma avaliação para determinar o nível atual de desempenho do aluno. De maneira geral, as crianças com deficiências visuais conseguem realizar as mesmas avaliações formais e atingir os mesmos padrões das que enxergam.

Maximize a utilização da visão existente: aprenda com o aluno qual é a melhor forma de ajudá-lo a enxergar. Na maioria das deficiências visuais, a iluminação forte potencializa a visão. Entretanto, em alguns casos, como o albinismo e o glaucoma, a claridade é uma dificuldade.

Pergunte, então, de quais atividades o aluno ou cliente mais gosta e quais adaptações prefere – por exemplo, se gosta de correr com guia (Craft; Lieberman, 2004; Winnick, 2004).

A seguir, com base em Craft e Lieberman (2004) e Seabra Junior e Manzini (2008), apresentamos algumas possibilidades de adaptações de ensino:

- Dê explicações verbais – Explique em termos simples o que o aluno deve fazer; repita se for necessário.
- Para o aluno de baixa visão, faça a demonstração dentro de seu campo visual.
- Para os alunos cegos, preste assistência física (ou os conduza) por meio do contato, levando-os a entender o movimento e a fazê-lo com sua ajuda para que depois possam executar a atividade sozinhos.
- Acrescente dispositivos sonoros – As bolas podem ser embrulhadas em celofane ou em sacos plásticos; as redes e os alvos podem receber guizos.
- Melhore as dicas visuais colocando fitas adesivas para aumentar o contraste entre o equipamento e o plano de fundo. Exemplo de contraste: usar bolas amarelas quando estiver em campo aberto na grama; usar bolas azuis dentro do ginásio com chão pintado de amarelo; o aluno de baixa visão corre atrás do guia que usa camiseta de cor vibrante ou brilhante.

## 2.1.3 Adaptações nas aulas de educação física para alunos com deficiência visual

Muitas questões apresentadas a seguir podem parecer semelhantes aos exemplos anteriores, por isso procuraremos destacar aquelas que compõem um programa de educação física para alunos com deficiência visual e enfatizar algumas características metodológicas que devem ser seguidas pelos professores, considerando os trabalhos de Bueno e Resa (1995), Menescal (2001) e Munster e Almeida (2008).

- Dirigir-se ao aluno com deficiência visual chamando-o pelo nome. Por isso, é absolutamente necessário saber o nome de cada um. Além da demonstração de interesse, o professor assume um papel importante na segurança que passa ao estudante.
- Verbalizar as atividades a serem executadas com voz clara e audível, explicando em termos simples o que a criança deve fazer. Se o aluno não entender na primeira vez, deve-se repetir a proposta.
- Distribuir e posicionar os alunos no espaço físico com cuidado, pois é importante que aqueles com baixa visão ou que são cegos estejam intercalados com alunos que enxergam. O posicionamento da turma em círculo, fileiras ou colunas facilita o trabalho nas primeiras aulas, quando as crianças ainda estão se conhecendo.
- Demonstrar os exercícios com ajuda física, possibilitando ao aluno tocar e ser tocado.
- Deixar o aluno sentir, por meio do tato, um colega ou o próprio professor na execução do movimento.
- Acrescentar dispositivos sonoros à aula. As bolas podem ser embrulhadas em papel celofane ou em sacos plásticos; as marcações de gol e as redes podem receber guizos; as bolas podem ser maiores e mais leves.

- Usar fitas adesivas coloridas para aumentar o contraste de cores entre o equipamento (as traves do gol) e o plano de fundo.
- Ligar o aluno ao seu condutor com um cordão, um barbante ou um lenço quando houver deslocamentos, como as corridas.
- Cuidar com o uso das palavras, verbalizando as direções, pois os alunos não poderão responder a expressões acompanhadas de gestos do tipo: "Ei! Você aí! Pare!".
- Apontar elementos específicos no ambiente (muretas, muros, odor característico, textura do solo e da parede, posição do Sol) que auxiliarão o aluno com deficiência visual em sua locomoção e sua formação de mapa mental do espaço físico.
- Comunicar sua chegada e sua saída ao aproximar-se ou afastar-se de um aluno cego ou de um grupo deles.
- Avisar o aluno sobre qualquer problema em sua roupa, sem nenhum melindre.

Por fim, o professor de educação física deve buscar uma integração de seus conteúdos com as adaptações que se fizerem necessárias para suas aulas (Winnick, 2004).

Uma ajuda extra ou alguns sistemas de apoio também podem ser considerados:

- Colega-tutor ou amigo-tutor é a figura de um aluno vidente, da própria turma, que ajuda no apoio ao aluno cego e ao professor durante as aulas. Sua função é oferecer comandos cinestésicos e auditivos, ajudando o deficiente visual a obter seu melhor desempenho.
- Um professor assistente, um instrutor de orientação e mobilidade ou um voluntário também podem prestar auxílio ao aluno e ao professor titular.

## 2.2 Deficiência auditiva: apontamentos conceituais, causas e classificação

Uma boa parte do que conhecemos chega a nós por via auditiva, proporcionando-nos a informação sobre o meio e orientando-nos para uma atuação independente. Portanto, a audição permite a recepção dos estímulos sonoros (Lafon, 1989).

### Curiosidade

Você sabe o que é a bocha sensorial?

É um tipo de bocha pensada para a melhoria da percepção do esquema corporal (lateralidade) e da estruturação espacial por meio de diferentes estímulos e possibilidades sensoriais. É uma adaptação da modalidade que pode ser aplicada a pessoas com deficiência visual e auditiva.

O termo *surdez* "designa uma perda auditiva em que a audição é insuficiente para compreender as informações auditivas, com ou sem uso de um aparelho auditivo" (Craft; Lieberman, 2004, p. 195), ao passo que a perda parcial é denominada *deficiência auditiva*.

- **Classificação**

O déficit de audição é classificado com base no grau de perda auditiva, que se verifica segundo a intensidade com que se amplifica o som para que ele possa ser percebido. A amplificação do som (intensidade) é medida em decibéis (dB).

A capacidade de detectar sons na faixa de 0 a 25 dB é o considerado normal em crianças. A conversa geralmente ocorre na faixa de 40 dB a 50 dB, de acordo com Craft e Lieberman (2004). Para as autoras, a perda auditiva pode ser classificada em:

*Ligeira: perda auditiva entre 27 e 40 dB. As palavras soam baixas, mas não ocorre distorção.*

*Leve: perda auditiva entre 41 e 55 dB. As pessoas percebem a voz real, porém escapam alguns elementos fonéticos.*

*Moderada: perda auditiva entre 56 e 70 dB. As pessoas ouvem somente as vozes, falas altas e existem consideráveis dificuldades de audição.*

*Grave/severa: perda auditiva entre 71 e 90 dB. As pessoas não podem ouvir a voz, mas percebem sensações auditivas.*

*Profunda: quando as pessoas têm uma perda auditiva acima de 90 dB.* (Craft; Lieberman, 2004, p. 196)

Nesse contexto, existem três tipos principais de perda auditiva:

1. **Condutiva** – É aquela em que se reduz a intensidade do som alcançado pelo ouvido interno. É como um rádio no volume baixo: as palavras soam baixo, mas não ocorre distorção. O distúrbio localiza-se no ouvido externo ou médio e interfere na capacidade de condução do som (Craft; Lieberman, 2004; Munster; Almeida, 2008).
2. **Sensório-neural** – Deve-se a um dano neurológico e é muito mais grave do que a perda condutiva. É causada por problemas no ouvido interno ou no nervo auditivo. As palavras podem soar altas, mas ficam distorcidas e truncadas. As crianças que apresentam esse tipo de perda manifestam mais dificuldades com a fala (Craft; Lieberman, 2004; Munster; Almeida, 2008).
3. **Mista** – É a combinação da perda condutiva com a sensório-neural (Craft; Lieberman, 2004).

## 2.2.1 Causas da deficiência auditiva

A etiologia da perda auditiva envolve uma diversidade de causas, divididas em congênitas e adquiridas.

A causas **congênitas** abrangem consanguinidade, incompatibilidade do fator Rh (sistema de grupos sanguíneos que indica se o sangue é positivo ou negativo) e rubéola materna durante os três primeiros meses de gestação, entre outras.

As **adquiridas** podem acontecer em três períodos distintos:

- **Pré-natal** – Rubéola materna, toxoplasmose, incompatibilidade de Rh, ingestão de determinados medicamentos (como a talidomida), sífilis e herpes por via transplacentária.
- **Perinatal** – Anoxia, icterícia neonatal, doenças adquiridas no canal vaginal (como sífilis e herpes), prematuridade e traumatismos obstétricos.
- **Pós-natal** – As causas advêm, em sua maioria, das enfermidades infantis, visto que a surdez pode ser adquirida como consequência de traumatismo craniano, infecção aguda produzida por vírus, meningite, sarampo e encefalite.

## 2.2.2 Adaptação de programas de treinamento, de *personal trainer* e de recreação para pessoas com deficiência auditiva

O planejamento de atividades para pessoas com deficiência auditiva deve considerar a posição do professor no momento das instruções, isto é, de frente para o aluno, para leitura labial, ou usando a Língua Brasileira de Sinais (Libras); a clareza das explicações; a utilização de sinais visuais; a adequação do número de participantes nas atividades em grupo (especialmente nos exercícios de equilíbrio); e a utilização de recursos materiais para enriquecer a aula. Ferreira (1994) propõe que se devem considerar as limitações, mas enfatizando as capacidades, informando-se sobre a causa e a gravidade da lesão e, se for necessário, procurando ajuda da família ou de outros profissionais envolvidos com a pessoa com deficiência.

O professor deve ter um cuidado especial na escolha adequada da metodologia, bem como do material utilizado e sua aplicação com diferentes alunos e situações (Bueno; Resa, 1995; Ferreira, 1994; Pérez, 1995). Para atingir esse objetivo, o docente deve:

- analisar os objetivos, sequenciando-os e seguindo uma evolução adequada, para facilitar o progresso do aluno;
- ensinar a tarefa por partes, se for necessário, para que depois o aluno possa realizá-la totalmente;
- estimular a criatividade do aluno e tentar alcançar sua máxima individualização e sua maior participação possível nas tarefas;
- utilizar atividades pautadas na resolução de problemas e, em determinados momentos, baseadas em estilos dirigidos;
- incentivar a participação, a colaboração e a socialização dos alunos por meio da adaptação às regras, das trocas constantes de pares e dos exercícios em grandes grupos.

## 2.2.3 Adaptações nas aulas de educação física para alunos com deficiência auditiva

A adequação da metodologia aos objetivos propostos e às características pessoais dos alunos para os quais se dirige o processo de aprendizagem é a meta da educação física adaptada (EFA), como explicam Bueno e Resa (1995).

Para Almeida (2008), as prioridades do professor devem ser relacionadas às defasagens dos alunos, como o equilíbrio, a coordenação motora geral, a noção espaçotemporal, a ansiedade, o isolamento social, o ritmo e a propriocepção.

> **Importante!**
>
> Cabe destacar que, durante cada atividade e, principalmente, quando estiver falando, o professor deve manter-se de frente para o aluno, não mudar constantemente as regras de uma mesma atividade e procurar utilizar os mais eficientes meios para atingir uma comunicação realmente eficaz.

As adaptações para o trabalho com os alunos com deficiência auditiva estão centradas em atividades de coordenação e de equilíbrio, entre as quais destacamos: coordenação dinâmica das mãos; coordenação óculo-manual (conduções, lançamentos, lançamento/recepção e variações com diferentes materiais de jogos, como no caso de baralho, peteca, pingue-pongue, ioiô e tênis de campo); coordenação dinâmica geral (marcha e suas variações, corrida e suas variações, salto e suas variações); exercícios de equilíbrio e suas variações; conhecimento do corpo; percepção espacial; coordenação óculo-motriz; destreza manual; coordenação dinâmica geral; estímulo dos sentidos; jogos educativos em atividades coletivas; e jogos desportivos (Almeida, 2008; Bueno; Resa, 1995).

A dança aparece, também, como uma possibilidade para a pessoa com deficiência auditiva, mesmo que muitos achem ilógico pensar na utilização da música no trabalho com esse tipo de deficiência. Ferreira (1994) aponta correntes básicas que preconizam o uso da música e do trabalho corporal com crianças com deficiência auditiva. A autora indica que, de maneira geral, a dança promove alguns benefícios para o aluno com deficiência auditiva: melhoria da resistência cardiovascular, flexibilidade, força muscular geral e localizada, coordenação, equilíbrio, agilidade, ritmo, autoestima, autoconfiança, diminuição da ansiedade, melhoria da postura e participação social.

A dança e as atividades rítmicas podem ser particularmente úteis para crianças surdas. A fim de que possam sentir melhor as vibrações da música, o professor pode colocar os alto-falantes virados para baixo no piso de madeira, aumentado os tons graves e fazendo com que o aluno com deficiência auditiva dance descalço (Craft; Lieberman, 2004).

A seguir, apresentamos algumas sugestões para o ensino de alunos com deficiência auditiva que o professor pode adotar em suas aulas (Craft; Lieberman, 2004; Mauerberg-deCastro, 2005):

- Utilizar amplamente as demonstrações.
- Falar com precisão e de forma direta.
- Criar sinais que sejam fáceis de reconhecer e de enxergar para comunicar-se a distância.
- Evitar sobrecarga de informação.
- Posicionar-se de frente para o aluno.
- Facilitar a leitura labial removendo barba ou bigode e evitando mascar chiclete.
- Usar placar e cronômetro visuais nos jogos.
- Adotar uma linguagem apropriada ao nível de compreensão do aluno.
- No circuitos, utilizar cartões de instrução nas estações (pausas, paradas).
- Dar instruções claras.

Assim, acredita-se que a atividade física, quando aplicada e realizada adequadamente, pode contribuir de maneira significativa para o desenvolvimento e a melhoria do controle motor de todos os alunos envolvidos na aula.

## 2.3 Surdocegueira

Victorine Morriseau foi a primeira pessoa surdocega a receber instrução formal, em Paris, por volta de 1789. A França foi pioneira no desenvolvimento de ações para pessoas com surdocegueira. Porém, a norte-americana Helen Keller (1880-1968) talvez seja a mais famosa surdocega (Figura 2.1), tendo chegado no ano de 1887, aos 7 anos, ao Instituto Perkins, nos Estados Unidos. No início, ela não aceitava ajuda e demonstrava um comportamento agressivo com relação às pessoas. Keller teve a ajuda da professora Anne Mansfield Sullivan, que utilizou o alfabeto datilológico na palma da mão para representar e relacionar palavras e ações. Em apenas um dia, Keller aprendeu trinta palavras, das quais a primeira foi *água*. Com o tempo, aprendeu o alfabeto braile e o manual, o que facilitou sua escrita e leitura. "Apesar da perda da visão e audição aos 19 meses de idade e os obstáculos educacionais de sua época, ela aprendeu a ler, escrever e falar. Foi a primeira surdocega a graduar numa universidade. Helen falava cinco línguas e escreveu três livros" (Mauerberg-deCastro, 2005, p. 212).

Figura 2.1 Helen Keller e Anne Sullivan

A surdocegueira é assim conceituada:

> múltipla deficiência sensorial que leva à surdez associada à cegueira, é uma combinação que impossibilita o uso dos sentidos de distância, cria necessidades especiais de comunicação, causa extrema dificuldade na conquista de metas educacionais, vocacionais, recreativas, sociais, e para acessar informações e compreender o mundo que o cerca. (Mauerberg-deCastro, 2005, p. 211)

É possível identificar os seguintes tipos de surdocegueira:

- cegueira congênita e surdez adquirida;
- surdez congênita e cegueira adquirida;
- cegueira e surdez congênitas;
- cegueira e surdez adquiridas.

As pessoas surdocegas não têm o uso efetivo dos dois sentidos de distância – a visão e a audição. Embora o termo *surdocego* possa sugerir que essas pessoas não ouvem nem enxergam, esse fato é raro. A maioria das pessoas com essa condição recebe tanto os estímulos visuais quanto os auditivos, mas as informações costumam ser distorcidas (Craft; Lieberman, 2004).

## 2.3.1 Causas da surdocegueira

A surdocegueira tem várias causas, cuja ocorrência pode ser observada nos períodos pré-natal, perinatal ou pós-natal. No contexto educacional, as causas são divididas em congênitas e adquiridas.

### Congênitas

A síndrome de Usher é a principal causa de surdocegueira. Trata-se de uma deficiência congênita caracterizada por perda auditiva no nascimento e perda progressiva da visão periférica. A Usher I provoca surdez congênita e retinose pigmentar progressiva; a Usher II resulta em surdez adquirida e retinose pigmentar progressiva (Craft; Lieberman, 2004).

Outras causas congênitas são: incompatibilidade de fator Rh; rubéola materna; toxoplasmose; e sífilis congênita.

- **Adquiridas**

As principais causas de surdocegueira adquirida são: sarampo; meningite; caxumba; otite média; tumor cerebral; prematuridade; infecções hospitalares; e traumatismos (acidentes).

A educação física e o esporte oferecem oportunidades de diminuir o isolamento em que se encontra o surdocego, com a prática de atividades como patinação, natação, ciclismo, ginástica, boliche, caminhada, *goalball*, atletismo e canoagem. A surdocegueira não oportuniza a aprendizagem incidental, o que significa que é necessário ensinar tudo ao aluno com essa condição.

Ao ensinar um aluno surdocego, o professor deve atentar para as seguintes orientações (Craft; Lieberman, 2004):

- Empregar várias formas de ensino, como a explanação, a demonstração, a tateação e a assistência física.
- Incentivar o ato de escolher, como na definição de uma atividade ou de um equipamento a ser usado.
- Ser flexível, paciente e criativo.
- Ensinar a palavra que designa cada habilidade aprendida.
- Aprender a forma de comunicação utilizada pelo aluno, incluindo gestos e linguagem corporal.
- Usar a análise de tarefas – Por exemplo, existem muitas formas de arremessar. Nesse caos, o docente deve deixar o aluno arremessar do jeito que ele quiser e, em seguida, desafiá-lo a arremessar mais longe, mais rápido e utilizando variações.
- Alterar as regras das atividades.
- Modificar o ambiente de acordo com as necessidades do aluno, diminuindo as distrações, amplificando os comandos visuais, mudando a iluminação e melhorando a acessibilidade à área do jogo.

As crianças surdocegas precisam ser encorajadas a desenvolver um estilo de aprendizagem próprio para compensar suas dificuldades visuais e auditivas e para estabelecer e manter as relações interpessoais. Portanto, as trocas interativas dos alunos devem estar orientadas para o aprimoramento dos sentidos remanescentes, entre eles o cutâneo, o cinestésico – tanto corporal (articulações e músculos) quanto sensorial (visceral) –, o gustativo e o olfativo, como forma de acesso à informação na ausência dos sentidos da visão e da audição (Nascimento; Maia, 2006).

## Síntese

Neste capítulo, analisamos as causas das deficiências visual e auditiva e da surdocegueira.

Também apresentamos sugestões de como os professores envolvidos com alunos nessas condições podem aplicar atividades e como as pessoas com deficiências sensoriais podem ter acesso a programas de treinamento, de *personal trainer*, de recreação e de aulas de educação física. Destacamos, ainda, estratégias de ensino e de atividades possíveis.

Ressaltamos que a ênfase do trabalho deve estar na comunicação aluno-professor, sem a qual não será possível alcançar o sucesso pedagógico.

## Indicações culturais

*Filme*

O SEGREDO de Beethoven. Direção: Agnieszka Holland. Estados Unidos; Hungria; Alemanha: Metro-Goldwyn-Mayer, 2006. 104 min.

Aos 26 anos de idade, Beethoven foi diagnosticado com congestão do ouvido (presença de líquidos no ouvido médio, o que obstrui a trompa de Eustáquio). Assim, sua audição foi ficando cada vez mais prejudicada. Diferentemente do que se pensa, ele nunca ficou surdo, pois ainda era capaz de notar algumas variações sonoras. Essa limitação auditiva fez com que Beethoven precisasse de ajuda para copiar as partituras. O filme ficcional é baseado nos últimos momentos da vida do compositor, que já estava doente e com a audição bem comprometida, quando ele estava escrevendo a *Nona sinfonia*.

*Site*

DIVERSA. **Materiais pedagógicos acessíveis.** Disponível em: <https://www.diversa.org.br/materiais-pedagogicos/>. Acesso em: 16 out. 2020.

Trata-se de uma plataforma que oferece materiais pedagógicos para inspirar os professores. Experimente passear pelo *site* e descobrir uma variedade de artigos, fóruns, relatos de experiências e exemplos de boas práticas na perspectiva inclusiva.

## ■ *Atividades de autoavaliação*

1. Com relação ao ensino de pessoas com deficiência visual, analise as assertivas a seguir e marque V para as verdadeiras e F para as falsas.

    ( ) Todo o programa de ensino deve estar baseado na identificação de necessidades e possibilidades motoras do indivíduo com deficiência visual.

    ( ) O professor deve atuar com clareza e objetividade em suas mensagens, procurando verbalizá-las com o maior nível de descrição possível.

    ( ) É aconselhável trabalhar em circuito, em círculo, em fileiras ou em colunas.

    ( ) As instruções das atividades devem ser longas.

    ( ) Colega-tutor ou amigo-tutor é a figura de um aluno vidente, da própria turma, que ajuda o aluno cego e o professor durante as aulas.

Agora, assinale a alternativa que apresenta a sequência correta:

a) V, F, V, V, F.
b) V, V, F, V, F.
c) F, F, F, V, V.
d) V, V, V, F, V.
e) V, F, V, F, F.

2. O planejamento de atividades para pessoas com deficiência auditiva deve considerar:

a) a evitação de demonstrações e estímulos sonoros.
b) a utilização de sinais visuais.
c) a verbalização das atividades a serem executadas e o grande número de participantes nas atividades em grupo.
d) o favorecimento do isolamento e da segregação social.
e) o uso de alvos com contraste e de bolas com guizo.

3. Analise as assertivas a seguir e marque V para as verdadeiras e F para as falsas.

( ) Não se deve incentivar o aluno surdocego a escolher uma atividade.
( ) O termo *surdocego* pode sugerir que pessoas com essa condição não ouvem nem enxergam, mas esse fato é raro.
( ) A surdocegueira causa extrema dificuldade na conquista de metas educacionais, vocacionais e recreativas.
( ) É necessário ensinar tudo ao aluno surdocego.
( ) Há várias formas de ensino, como a explanação, a demonstração, a tateação e a assistência física.

Agora, assinale a alternativa que apresenta a sequência correta:

a) F, V, V, V, V.
b) F, V, V, V, F.
c) F, V, F, F, V.
d) V, F, F, F, V.
e) F, V, V, F, F.

4. A deficiência visual pode ser classificada da seguinte forma:
   a) Educacional, sensório-motora, esportiva e inclusiva.
   b) Esportiva, educacional, inclusiva e sensório-motora.
   c) Médica, legal, esportiva e educacional
   d) Legal, esportiva, inclusiva e físico-motora.
   e) Médica, sensório-motora, legal e físico-motora.

5. Com relação aos aspectos que o planejamento de atividades para pessoas com deficiência auditiva deve considerar, analise as assertivas a seguir e marque V para as verdadeiras e F para as falsas.

   ( ) Deve haver a adequação da posição do professor no momento das instruções, isto é, de frente para o aluno.
   ( ) É necessário usar uma linguagem apropriada para o nível de compreensão do aluno.
   ( ) O número de participantes nas atividades em grupo não influencia em nada.
   ( ) O professor pode utilizar amplamente as demonstrações.
   ( ) Durante as atividades, nos jogos, é recomendável o uso de placar e cronômetro visuais.

   Agora, assinale a alternativa que apresenta a sequência correta:
   a) V, V, F, V, V.
   b) F, F, F, V, V
   c) F, F, V, F, V.
   d) V, V, F, F, V.
   e) V, V, F, V, F.

## Atividades de aprendizadem

*Questões para reflexão*

1. A Língua Brasileira de Sinais (Libras), usada por surdos, é uma língua visual-espacial articulada pelas mãos, pelas expressões faciais e pelo corpo. Que estratégias de comunicação (gestos

e sinais visuais) poderiam ser utilizadas pelo professor de educação física para ele comunicar-se com o aluno surdo em suas aulas?

2. Pense em várias formas de abordar e de conduzir uma pessoa cega na rua. Liste essas tarefas e depois discuta com seus alunos como realizá-las.

*Atividade aplicada: prática*

1. Realize uma pesquisa sobre o alfabeto manual utilizado por surdos. Depois de ter se familiarizado com ele, elabore cartazes com algumas palavras-chave que são usadas nas aulas de educação física, como *esporte* e *quadra*. Discuta com os demais colegas sobre os resultados de sua pesquisa e leve para a aula prática os cartazes, a fim que sejam utilizados no dia a dia das atividades.

# Capítulo 3

## Deficiência intelectual, TDAH e transtorno do espectro autista

*Ruth Eugênia Cidade*

**N**este capítulo, discorreremos sobre a deficiência intelectual, o transtorno de déficit de atenção e hiperatividade (TDAH) e o transtorno do espectro autista.

Nesse sentido, indicaremos métodos de organização do trabalho em aula e sugestões de atividades e rotinas de treinamento, de *personal trainer*, de recreação e de aulas de educação física.

## 3.1 Deficiência intelectual: apontamentos conceituais, causas e sugestões de atividades e organização do trabalho

Existem diferentes definições de deficiência intelectual, porém a mais divulgada é a da antiga Associação Americana de Deficiência Mental – em inglês, American Association on Mental Retardation (AAMR) –, fundada em 1876 e hoje denominada Associação Americana de Deficiências Intelectual e de Desenvolvimento – em inglês, American Association on Intellectual and Developmental Disabilities (AAIDD). A AAIDD define a deficiência intelectual como um comprometimento caracterizado por limitações significativas tanto no **funcionamento intelectual** (também chamado de *inteligência*) – que se refere à capacidade mental geral, como aprendizado, raciocínio, resolução de problemas e assim por diante – quanto no **comportamento adaptativo** – que abrange muitas habilidades sociais e práticas cotidianas. Essa deficiência origina-se antes dos 18 anos (AAIDD, 2020).

Segundo a Organização Mundial da Saúde (OMS, 2012, p. 313), a deficiência intelectual

> *É um estado de desenvolvimento mental interrompido ou incompleto, o que significa que a pessoa pode ter dificuldades em entender, aprender, e recordar coisas novas, e em aplicar essa aprendizagem a novas situações. Também conhecida como deficiência intelectual, deficiência de aprendizagem, dificuldades de aprendizagem, e anteriormente como retardo mental ou limitação mental.*

Outra definição para o conceito é a proposta pelo *Manual diagnóstico e estatístico de transtornos mentais: DSM-5*, publicado pela American Psychiatric Association (APA, 2015, p. 75):

> *A deficiência intelectual (transtorno do desenvolvimento intelectual) caracteriza-se por déficits em capacidades mentais genéricas, como raciocínio, solução de problemas, planejamento, pensamento abstrato, juízo, aprendizagem acadêmica e aprendizagem pela experiência. Os déficits resultam em prejuízos no funcionamento adaptativo, de modo que o indivíduo não consegue atingir padrões de independência pessoal e responsabilidade social em um ou mais aspectos da vida diária, incluindo comunicação, participação social, funcionamento acadêmico ou profissional e independência pessoal em casa ou na comunidade.*

Os testes padronizados também podem auxiliar a investigação das limitações no funcionamento adaptativo em três domínios: (1) conceitual, (2) social e (3) prático.

> *O **domínio conceitual (acadêmico)** envolve competência em termos de memória, linguagem, leitura, escrita, raciocínio matemático, aquisição de conhecimentos práticos, solução de problemas e julgamento em situações novas, entre outros. O **domínio social** envolve percepção de pensamentos, sentimentos e experiências dos outros; empatia; habilidades de comunicação interpessoal; habilidades de amizade; julgamento social; entre outros. O **domínio prático** envolve aprendizagem e autogestão em todos os cenários de vida, inclusive cuidados pessoais, responsabilidades profissionais, controle do dinheiro, recreação, autocontrole comportamental e organização de tarefas escolares e profissionais, entre outros. Capacidade intelectual, educação, motivação, socialização, aspectos de personalidade, oportunidade vocacional, experiência cultural e condições médicas gerais e transtornos mentais coexistentes influenciam o funcionamento adaptativo.* (APA, 2015, p. 81, grifo do original)

Os fatores de risco pré-natais, tanto genéticos (cromossômicos e gênicos) quanto de causas múltiplas, perinatais, pós-natais e desconhecidos podem ser classificados segundo aspectos biomédicos, sociais, comportamentais ou educacionais (AAIDD, 2020).

## 3.1.1 Causas da deficiência intelectual

Tradicionalmente, tem-se considerado a deficiência intelectual como o resultado de diversos fatores e várias são suas classificações. Segundo Bueno e Resa (1995), as principais causas estão divididas em quatro grandes classes: (1) genéticas; (2) pré-natais; (3) perinatais; e (4) pós-natais. Outros autores indicam ainda fatores ambientais, que incluem aspectos culturais e familiares. É preciso deixar claro que, entre os portadores de deficiência intelectual, são poucos os que apresentam uma causa claramente definida.

Os fatores que causam deficiência intelectual são muitos. Neste texto, destacaremos algumas das causas, divididas em fatores genéticos, pré-natais, perinatais e pós-natais.

- **Fatores genéticos**

A origem da deficiência é determinada pelos genes (herança genética). Bueno e Resa (1995) indicam os seguintes fatores:

- **Genopatias** – Produzem más-formações de diversos tipos: metabólicas (fenilcetonúria), endócrinas (hipotireoidismo) e síndromes polimalformativas (Cornelia de Lange), entre outras.
- **Cromossomopatias** – Caracterizam-se por alterações do número de cromossomos fetais, habitualmente relacionadas a problemas na formação do óvulo e associadas diretamente à idade materna. A síndrome de Down é um exemplo de cromossomopatia. É a mais conhecida condição genética associada ao déficit intelectual. Trata-se de uma síndrome por incidência – estima-se que 1 em cada 700 crianças nasça com ela. Foi diagnosticada no final do século XIX por John Langdon Down e esclarecida no final da década de 1950: "pode ser definida como uma deficiência múltipla, caracterizada por alterações físicas, orgânicas e intelectuais, provocadas por um distúrbio do

21º par de cromossomos" (Gorgatti; Teixeira, 2008, p. 371). Existem três possíveis falhas na distribuição cromossômica que podem gerar a síndrome de Down: (1) trissomia típica, (2) translocação e (3) mosaicismo. Mais de 80 características estão associadas à síndrome, das quais as mais comuns são: baixa estatura, língua protusa, dentes pequenos e lábios finos, mãos grossas e curtas, prega única na mão, cabelo esparso e fino, hipotonia, hipermobilidade das articulações, mãos e pés largos, dedos curtos e grossos, pernas e braços curtos em relação ao tronco. Além dessas, a instabilidade atlantoaxial está presente em aproximadamente 20% dos portadores (Gorgatti; Teixeira, 2008; Winnick, 2004). Alguns déficits sensoriais também podem acompanhar a síndrome de Down, como os distúrbios visuais e auditivos. Obesidade e problemas imunológicos, odontológicos e cardíacos podem igualmente estar presentes (Winnick, 2004).

■ **Fatores pré-natais**

- **Hidrocefalia** – Conhecido vulgarmente como *cabeça d'água*, esse acometimento pode acontecer antes ou depois do nascimento. Trata-se do acúmulo do líquido cefalorraquidiano (LCR), chamado de *líquor*, no interior ou no exterior das cavidades cerebrais, denominadas *ventrículos*, com sua consequente dilatação, o que pode causar lesões no tecido cerebral (Mauerberg-deCastro, 2005). Há alteração do formato e do tamanho do crânio, com dilatação da fontanela (moleira). Os sintomas incluem sonolência, paradas respiratórias e irritabilidade.
- Infecções maternas como rubéola, sífilis congênita e toxoplasmose.
- Incompatibilidade do fator Rh.
- Uso abusivo de drogas lícitas (álcool e tabaco) e narcóticos.

- Uso de fármacos que podem causar má-formação ou aborto do feto: contraceptivos injetáveis, hormônios sexuais, ibuprofeno, ácido acetilsalicílico, gomas de nicotina (para parar de fumar), antibióticos de diversas classes e anticonvulsionantes, entre outros.

■ **Fatores perinatais**

- Prematuridade e baixo peso.
- Traumatismo obstétrico.
- Anóxia cerebral.
- Fatores pós-natais
- Infecções como meningite e encefalite.
- Convulsões.
- Transtornos metabólicos como galactosemia (metabolismo anormal da galactose pela deficiência de enzimas metabólicas).
- Traumatismo cranioencefálico.
- Tumores.
- Hipóxia causada por paradas cardíacas, cardiopatia congênita ou asfixia.

## 3.1.2 Adaptação de programas de treinamento, de *personal trainer*, de recreação e de aulas de educação física para pessoas com deficiência intelectual

As recomendações de adaptações para os programas de treinamento, de *personal trainer*, de recreação e de aulas de educação física para as pessoas com deficiência intelectual consideram outras dificuldades que coexistem com aquela condição. Por exemplo, a pessoa com síndrome de Down apresenta diversos problemas de saúde que precisam ser levados em conta na elaboração do planejamento. Contudo, permanece o objetivo da utilização do movimento como elemento educativo, favorecendo a formação integral da pessoa.

Segundo Bueno e Resa (1995), a atividade física permite a pessoas nessa condição superar mais facilmente as dificuldades que o meio lhes oferece e, ao mesmo tempo, obter melhor adaptação em sua relação com o ambiente. Com a prática da atividade física, ocorrem melhoria da força muscular e das habilidades motoras, progresso da coordenação neuromuscular, aumento da autoconfiança e desenvolvimento da expressividade, da criatividade, da espontaneidade e da socialização.

No momento em que realiza a atividade física, usualmente o indivíduo com deficiência intelectual encontra problemas com relação à execução da atividade motora em razão da dificuldade na resolução de problemas e na capacidade de avaliação das próprias ações (Mauerberg-deCastro, 2005).

As pessoas com deficiência intelectual têm dificuldade para manter a atenção e antecipar e selecionar estímulos ou respostas para reconhecer os impulsos relevantes da tarefa (Bueno; Resa, 1995; Pedrinelli, 1994b; Cidade; Freitas, 2009; Pérez, 1991).

Ao se aplicarem as atividades, é necessário observar as seguintes recomendações:

- Selecionar cuidadosamente as atividades, de acordo com o nível de desenvolvimento geral dos alunos, considerando-se o princípio da individualização.
- Usar a criatividade, propondo atividades interessantes que chamem a atenção dos alunos.
- Fazer adaptações nos jogos, principalmente quanto ao tempo e às regras, quando isso for necessário.
- Não subestimar a capacidade e a possibilidades dos alunos.
- Evitar situações frustrantes.
- Quando a atividade apresentar certa complexidade, procurar desenvolvê-la lentamente e por partes.

- Evitar instruções verbais longas, optando-se por orientações claras e breves.
- Utilizar demonstrações, quando isso for necessário.

Vale destacar ainda outras recomendações (Krebs, 2004):

- As estações de aprendizagem ou os circuitos são importantes porque dividem o ginásio, a quadra ou o campo em unidades menores (estações) e em cada uma delas o objetivo é fazer com que os alunos aprendam e pratiquem habilidades ou fundamentos de um esporte. Essas estações proporcionam flexibilidade e experiências seguras e bem-sucedidas.
- O ensino com a ajuda de um colega (tutor) deve ser observado, pois ele pode auxiliar na realização da atividade, colocando-se como exemplo e referência para o aluno com deficiência intelectual.
- O ensino em espaços da comunidade deve ser valorizado, pois é muito útil que as aulas sejam realizadas em locais da vizinhança do estudante, como clube, praça, academia ou ao ar livre. Essa organização possibilita que o aluno aplique mais facilmente o que está aprendendo nos próprios locais que ele frequenta em outros momentos que não sejam os de aula formal ou sistematizada.
- As informações e as tarefas devem ser concretas, enfatizando-se apenas o comando mais importante da atividade ou do movimento. A demonstração é mais eficiente, assim como as instruções verbais curtas e diretas.
- As escolhas podem ser feitas pelos alunos, que ajudam a definir quais atividades desejam fazer, qual bola preferem usar, como gostariam de ser auxiliados ou quando querem parar e descansar.
- As regras da aula devem ser fixadas em cartazes com comando visuais, pois essa ação é muito útil para chamar a atenção dos alunos com eficiência. Basta o professor

apontar para o cartaz de forma silenciosa. Exemplos de regras que podem ser usadas: escutar quando o outro estiver falando, não cutucar o colega e não empurrar.

- As repreensões devem ser curtas e rápidas.
- O reforço positivo contínuo para reduzir o nível de impulsividade e aumentar o tempo de atenção à tarefa deve ser estimulado.
- As expectativas devem ser expressas claramente, com o professor ensinando o comportamento aceitável durante a sessão de atividades por meio de demonstrações e regras de comportamento. O docente deve ficar próximo aos alunos e utilizar o contato visual ou gestos como a mão no ombro ou outro silencioso para lembrar aos participantes o comportamento adequado.
- Os últimos minutos da aula devem ser usados para praticar técnicas de respiração e relaxamento.
- As atividades que enfatizam movimentos lentos e controlados devem ser preferidas, para diminuir a hiperatividade e a impulsividade. Pode-se realizar uma corrida lenta, por exemplo.
- As aulas devem ocorrer em ambiente tranquilo e com pouca estimulação, ou seja, com poucos efeitos de distração.
- A mediação verbal deve ser utilizada para ensinar o aluno a planejar em voz alta aquilo que vai fazer, com a finalidade de concentrar sua atenção na tarefa do momento.
- Os objetivos devem ser claros para cada aula e comunicados ao aluno para que ele se organize e se concentre. Por exemplo, se a atividade da aula for acertar diferentes alvos, a simples comunicação desse propósito vai diminuir a ansiedade e gerar o interesse dos estudantes.
- Os pontos relevantes de cada tarefa ou movimento devem ser destacados. Podem ser usadas dicas específicas como estratégia de atenção seletiva. Por exemplo, no rolamento para a frente, o ponto relevante é encostar o queixo no peito.

Assim, o professor pode dizer "Queixo no peito!". Com essa dica, ele estará ressaltando o ponto mais importante do movimento.

- O planejamento motor deve ser incentivado. Por exemplo, o professor pede ao aluno que lhe explique o que vai fazer antes de começar o movimento. Essa ação faz com que o estudante pense antecipadamente em como se movimentará e para onde irá.
- A atenção do aluno deve ser atraída e mantida por meio de novidades, com a introdução de movimentos novos e de maneiras diferentes para conseguir o mesmo objetivo.

Na escola, em turmas regulares, o professor deve ainda observar os seguintes aspectos:

- Minimizar a utilização de jogos coletivos altamente competitivos, preferindo atividades de aprendizagem cooperativa e iniciativas em grupo, como corrida, ginástica, ioga e *tai chi chuan*.
- Incluir atividades de equilíbrio e consciência corporal.
- Empregar a aprendizagem cooperativa para aumentar interações sociais entre os alunos e melhorar o autoconceito de cada um.
- Eliminar as práticas de ensino que sejam constrangedoras e que forcem a comparação entre os alunos.

Quando alunos com e sem deficiência desfrutam de um tempo comum nas aulas de educação física, pode haver benefícios na aprendizagem de habilidades motoras e ganhos recíprocos nas interações sociais.

## 3.2 Síndromes

O termo *síndrome* diz respeito ao "Agrupamento de sinais e sintomas baseado em sua ocorrência frequente em conjunto que pode sugerir patogênese subjacente, curso, padrão familiar ou seleção do tratamento comum" (APA, 2015, p. 873). Para exemplificar esse conceito, destacamos a seguir alguns tipos de síndromes.

- **Síndrome de Edwards** – Trata-se da trissomia do par cromossômico 18. Essa síndrome causa deficiência intelectual, atraso do crescimento e formação de genitais anômalos. Pode ocorrer ainda má-formação do coração, mandíbula recuada, orelha de implantação baixa e outras características. A incidência é de 1 a cada 6.000 nascimentos e existe elevada taxa de mortalidade intrauterina; somente 2,5% dos fetos sobrevivem até o nascimento, dos quais entre 55% e 65% morrem por volta dos seis meses de idade e entre 5% e 10% sobrevivem até 1 ano de idade (Teixeira, 2015).
- **Síndrome de Turner** – Afeta somente o sexo feminino. Nessa síndrome, um dos dois cromossomos X está ausente ou particularmente desenvolvido. Trata-se de uma anomalia cromossômica bastante comum, cuja incidência é de 1 em 2.500 nascimentos. As características incluem baixa estatura, olhos caídos, perda auditiva, disfunção no fígado, no coração e nos rins e dificuldades de aprendizagem, entre outras (Mauerberg-deCastro, 2005).
- **Síndrome velocardiofacial** – Caracteriza-se por cardiopatia, alterações do metabolismo de cálcio, deficiência intelectual e distúrbio de deglutição. O padrão é de herança autossômica dominante, o que significa que há 50% de possibilidade de um portador transmitir a alteração para os filhos (Perrone, [S.d]).
- **Síndrome de Patau** – Trata-se da trissomia do cromossomo 13. Doença clinicamente grave e letal, na maioria dos casos a criança sobrevive no máximo até os 6 meses. Ocasiona má-formação do sistema nervoso central, atraso do crescimento, deficiência intelectual e orelhas mal desenvolvidas e podem ocorrer ausência dos olhos,

fenda labial palatina e defeitos cardíacos. A incidência é de 1 a cada 6.000 nascimentos. Após 1 mês de vida, 45% das crianças vão a óbito, 70% sobrevivem até os 6 meses e menos de 5% chegam aos 3 anos (Teixeira, 2015).

- **Síndrome de Rett** – Surge antes dos 4 anos de idade e acomete somente meninas. Caracteriza-se por problemas múltiplos e deficiência intelectual entre severa e profunda (Mauerberg-deCastro, 2005).
- **Síndrome do X-frágil** – Caracteriza-se por deficiência intelectual, transtorno do espectro autista e hiperatividade. Tem padrão de herança dominante ligado ao cromossomo X. Estima-se que a incidência seja de 1 a cada 4.000 nascimentos de meninos e de 1 a cada 8.000 nascimentos de meninas (Perrone, [S.d]).
- **Síndrome do cri-du-chat** (miado do gato) – É uma mutação cromossômica estrutural, com a deleção do braço curto do cromossomo 5. Resulta em atraso do desenvolvimento, baixa estatura, magreza, deficiência intelectual e dentes projetados para a frente, entre outras alterações. Tem esse nome porque o choro do recém-nascido parece o miado de um gato (Teixeira, 2015).
- **Síndrome de Noonan** – Além do déficit intelectual, as características dessa síndrome incluem baixa estatura, disformismos faciais e más-formações cardíacas. A incidência é de 1 a cada 2.500 nascimentos, afetando ambos os sexos (Perrone, [S.d]).
- **Síndrome de Tay-Sachs** – Trata-se de um defeito herdado por gene recessivo. A deficiência em lisossomas (uma enzima) causa o acúmulo anormal de glicolipídios em células nervosas. Os sinais aparecem nos primeiros dois trimestres após o nascimento, quando o bebê para de sorrir, engatinhar ou rolar. Desenvolve rapidamente a deficiência intelectual, convulsões, paralisia, cegueira e morte entre 3 e 4 anos (Mauerberg-deCastro, 2005).

- **Monossomia 18p** – É uma síndrome cromossômica estrutural por deleção que ocorre no braço curto de um dos cromossomos 18. As principais características incluem deficiência intelectual, atraso da fala, estatura baixa, boca larga, pescoço curto e tronco amplo, entre outras.

## 3.3 TDAH: apontamentos conceituais e causas

Há muito que os professores de educação física se deparam com alunos com transtorno de déficit de atenção e hiperatividade (TDAH) em suas aulas. Esse assunto será tratado aqui de maneira que possa estimular a busca por aprofundamento em seu estudo.

Segundo o *Manual diagnóstico e estatístico de transtornos mentais: DSM-5* (APA, 2015, p. 76),

> O TDAH é um transtorno do neurodesenvolvimento definido por níveis prejudiciais de desatenção, desorganização e/ou hiperatividade-impulsividade. Desatenção e desorganização envolvem incapacidade de permanecer em uma tarefa, aparência de não ouvir e perda de materiais em níveis inconsistentes com a idade ou o nível de desenvolvimento. Hiperatividade-impulsividade implicam atividade excessiva, inquietação, incapacidade de permanecer sentado, intromissão em atividades de outros e incapacidade de aguardar – sintomas que são excessivos para a idade ou o nível de desenvolvimento.

Toda dificuldade de reter e manter o foco durante as atividades motoras nos remete aos estudos sobre a atenção e sobre como trabalhar essa habilidade nas aulas.

A atenção é uma capacidade cognitiva multifacetada que envolve os estágios da aprendizagem (cognitivo, associativo e autônomo), a quantidade de prática (diretamente relacionada ao tempo que o indivíduo necessita para adquirir consistência na realização de uma tarefa qualquer) e os níveis de experiência da pessoa (quantidade de experiência prévia ou base de conhecimento que ela apresenta em determinada habilidade).

O que selecionar e o que descartar entre as diversas informações disponíveis no meio ambiente da atividade que um indivíduo realiza é um fator muito importante para que ele obtenha sucesso. O mecanismo que atua na retenção ou no descarte de informações é a atenção seletiva (Ladewig; Cidade; Ladewig, 2001). Assim, a atenção seletiva pode ser definida como o processo de selecionar determinadas informações no ambiente enquanto se ignoram outras (Cidade et al., 1999).

A seguir, destacamos as formas de manifestação da TDAH:

- **Desatenção ou déficit de atenção** – As crianças não são capazes de concentrar-se em algo, dando atenção a quase tudo o que está ao seu redor. Há várias situações envolvendo a atenção. Por exemplo, uma criança que, durante uma atividade, costuma ficar no "mundo da lua", olhando para os colegas na quadra em vez de dar atenção à tarefa, tem dificuldades com a atenção concentrada.
- **Impulsividade** – É caraterizada pela falta de controle dos impulsos. O indivíduo age precipitadamente, não aguarda sua vez nas tarefas e interrompe as conversas. Nessa situação, é possível auxiliar o aluno pela modificação do ambiente e da tarefa, reduzindo-se os focos de distração e aumentando-se o interesse pela atividade. A novidade e a complexidade das tarefas podem ajudar a chamar e a manter a atenção do aluno durante um período maior.
- **Hiperatividade** – É como se a criança estivesse "ligada a um motor", sem parar. Os alunos nessa condição tendem a ser excessivamente inquietos. Existe a dificuldade de controlar os movimentos corporais nas situações em que os estudantes devem permanecer sentados e quietos por períodos longos.

### 3.3.1 Adaptação de programas de treinamento, de *personal trainer*, de recreação e de aulas de educação física para crianças com TDAH

O tema do TDAH é complexo e, por isso, optamos por fazer um destaque que consideramos ser útil para pensar e planejar as atividades e as estratégias de aprendizagem que sejam adequadas a um programa para pessoas com TDAH. Parece ser redundante, mas é fundamental entender a atenção como capacidade cognitiva e a inter-relação das dificuldades enfrentadas pelos alunos com TDAH. Considerando esse breve contexto, destacamos a seguir algumas estratégias que podem ser utilizadas pelo professor para chamar e manter a atenção de alunos com TDAH.

- Estabelecer uma rotina, visto que uma abordagem de ensino estruturada e consistente para todas as aulas permite ao aluno conhecer sua prática de estudo diária: o aquecimento para o esporte, o lugar de cada um na quadra, o momento da nova atividade e o de rever as já ministradas. Assim, com a rotina estabelecida, o andamento das aulas apresenta menos pausas e distrações.

- Definir as regras da aula junto com a classe, escrevendo-as em cartões ou em cartazes que possam oferecer comando visual. Assim, apontando silenciosamente para o cartaz, o professor consegue chamar a atenção do aluno com sucesso.

- Escolher atividades que enfatizem movimentos lentos e controlados, intercalando-os com os rápidos, pois isso auxilia no controle da hiperatividade e da impulsividade. É recomendado alternar jogos ativos e atividades de relaxamento. Essa oscilação dá ao aluno com TDAH a oportunidade de desacelerar, ou seja, a aula termina em um período de calmaria.

- Procurar dar aulas em um ambiente tranquilo, com menos focos de desvio de atenção e, se possível, fechado, para diminuir os efeitos de distração (ginásio limpo e organizado).
- Fazer uso de dicas específicas, ou seja, dar destaque a comandos relevantes. De forma geral, durante a execução de uma tarefa ou de uma atividade, o aluno é levado a lidar com diversas informações disponíveis no meio ambiente, que podem distrair sua atenção. A dica então passa ser uma informação, uma indicação, com o intuito de ajudar o aluno a determinar em que ponto do movimento ele deve prestar atenção (Ladewig; Cidade; Ladewig, 2001; Winnick, 2004).

## 3.4 Transtorno do espectro autista: apontamentos conceituais e causas

A etiologia exata do transtorno do espectro autista (TEA) é desconhecida. Porém, há consenso de que alterações estruturais e neuroquímicas do sistema nervoso central sejam as principais causas. Há estudos que indicam que certos problemas orgânicos e metabólicos estão associados ao autismo.

> O transtorno do espectro autista caracteriza-se por déficits persistentes na comunicação social e na interação social em múltiplos contextos, incluindo déficits na reciprocidade social, em comportamentos não verbais de comunicação usados para interação social e em habilidades para desenvolver, manter e compreender relacionamentos. Além dos déficits na comunicação social, o diagnóstico do transtorno do espectro autista requer a presença de padrões restritos e repetitivos de comportamento, interesses ou atividades. (APA, 2015, p. 75)

No diagnóstico do TEA, as características clínicas individuais são registradas por meio do uso de especificadores (com ou sem comprometimento intelectual concomitante; com ou sem comprometimento da linguagem concomitante; associado a alguma condição médica ou genética conhecida ou a algum fator ambiental), bem como de especificadores que descrevem os sintomas autistas (idade da primeira preocupação; com ou sem perda de habilidades estabelecidas; gravidade). Esses especificadores oportunizam aos clínicos a individualização do diagnóstico e a elaboração de uma descrição clínica mais rica dos indivíduos afetados (APA, 2015).

### 3.4.1 Adaptação de programas de treinamento, de *personal trainer*, de recreação e de aulas de educação física para crianças com TEA

De modo geral, os alunos com TEA mostram pouca habilidade motora. Por isso, deve-se dar ênfase ao condicionamento físico, ao equilíbrio e aos movimentos básicos. Portanto, os programas de atividade física devem enfatizar habilidades e padrões motores fundamentais, jogos e esportes individuais e atividades de desenvolvimento que aumentem a capacidade física (Loovis, 2004).

Com a finalidade de estabelecer uma situação eficiente de ensino, o professor deve colher o máximo de informações possíveis sobre o aluno autista. Além disso, o ambiente estruturado de ensino é fundamental.

Nesse sentido, destacamos a seguir alguns encaminhamentos que podem ser aplicados conforme o caso.

- Os programas de atividades físicas e a educação física na escola não devem concentrar-se apenas no ensino de movimentos, mas enfatizar as possibilidades de maior interação social no momento das atividades.
- O professor deve adequar seu plano de aula às necessidades de cada aluno.

- Treinamentos em circuitos em ambientes internos e externos e atividades como dança em frente ao espelho são recomendados, além de ginástica, patinação, ciclismo, jogos de imitação motora, futebol, basquete e escalada em equipamentos lúdicos.
- A utilização de música nas atividades e exercícios aeróbicos intensos são úteis para a redução de comportamentos estereotipados e não adaptativos, facilitando a interação social (Winnick, 2004; Mauerberg-deCastro, 2005).

## III Síntese

Neste capítulo, abordamos os fundamentos, as causas e as formas de manifestação da deficiência intelectual, do transtorno do déficit de atenção e hiperatividade (TDAH) e do transtorno do espectro autista (TEA).

Também destacamos algumas síndromes que podem acometer os alunos, além de listar ideias e sugestões úteis para balizar o planejamento e a aplicação de atividades físicas na organização de programas de treinamento, de *personal trainer*, de recreação e de aulas de educação física na escola.

## Indicações culturais

### Filmes

FORREST Gump: o contador de histórias. Direção: Robert Zemeckis. Estados Unidos: Paramount Pictures, 1994. 140 min.

Baseado no livro de Winston Groom, *Forrest Gump: o contador de histórias* levou seis estatuetas do Oscar em 1995, entre elas as de melhor filme, melhor diretor e melhor ator. Enquanto Forrest espera um ônibus para visitar Jenny (o amor de sua vida), ele relata toda a sua história, desde seu nascimento até aquele momento, para várias pessoas que passam por aquele ponto de ônibus. O filme narra os desafios de uma pessoa com déficit intelectual e suas possibilidades de atuação em diferentes contextos.

TUDO que quero. Direção: Ben Lewin. Estados Unidos: Imagem Filmes, 2017. 93 min.

O tema do autismo é tratado de forma leve, com um toque de comédia, nas aventuras de Wendy. Apesar de no início sua família não acreditar em sua capacidade, ela mostra que o transtorno (TEA) não deve ser um obstáculo para que as pessoas realizem seus sonhos, façam amizades e se desenvolvam criativamente e de maneira plena.

*Série*

ATYPICAL. Direção: Michael Patrick Jann et al. Estados Unidos: Netflix, 2017-. 28 episódios. Série de *streaming*.

A série conta a história de Sam, um jovem de 18 anos que vive dentro do espectro do autismo. Ainda no ensino médio, Sam decide que é hora de dar uma chance para o amor e, enquanto lida com questões comuns a qualquer um de nós, acaba despertando em toda a sua família uma vontade de movimento e mudança.

*Site*

ROIG, J. A. K. A máquina do abraço, de Temple Grandin (autismo, tecnologia, inclusão e educação). **EducaTube Brasil**, 9 mar. 2015. Disponível em: <http://educa-tube.blogspot.com/2015/03/a-maquina-do-abraco-de-temple-grandin.html>. Acesso em: 16 out. 2020.

Esse *site* apresenta um vídeo sobre a vida de Temple Grandin, professora universitária diagnosticada como autista. Grandin desenvolveu o que denominou de *máquina do abraço*, disponibilizada por ela para auxiliar pessoas com TEA.

■ **Atividades de autoavaliação**

1. Analise as assertivas a seguir e marque V para as verdadeiras e F para as falsas.

    ( ) A deficiência intelectual caracteriza-se por déficits em capacidades mentais genéricas, no raciocínio e na solução de problemas.

    ( ) A deficiência intelectual caracteriza-se por déficits na capacidade de planejamento, no pensamento abstrato e na aprendizagem acadêmica.

    ( ) Os déficits intelectuais podem resultar em prejuízos no funcionamento adaptativo.

    ( ) O indivíduo com deficiência intelectual sempre consegue atingir padrões de independência pessoal e responsabilidade social.

    ( ) A deficiência intelectual caracteriza-se por marcha claudicante e acuidade visual 20/60.

    Agora, assinale a alternativa que apresenta a sequência correta:

    a) F, F, V, F, F.
    b) V, V, F, V, F.
    c) V, F, F, V, V.
    d) V, V, F, V, V.
    e) V, V, V, F, F.

2. Assinale a alternativa correta:

    a) O domínio conceitual envolve competência em termos de linguagem, leitura, escrita e raciocínio matemático.

    b) A aquisição de conhecimentos práticos, a solução de problemas e o julgamento em situações novas, entre outros, dizem respeito ao domínio social.

c) O domínio social envolve aprendizagem e autogestão em todos os cenários da vida, inclusive nos cuidados pessoais.
d) O domínio prático envolve pensamentos, sentimentos e experiências dos outros.
e) O domínio sentimental envolve competências como coordenação e equilíbrio.

3. Analise as assertivas a seguir e marque V para as verdadeiras e F para as falsas.

( ) O transtorno do espectro autista caracteriza-se por déficits persistentes na comunicação social e na interação social em múltiplos contextos.

( ) O transtorno do espectro autista inclui déficits na reciprocidade social, em comportamentos não verbais de comunicação usados para interação social e em habilidades para desenvolver, manter e compreender relacionamentos.

( ) O transtorno do espectro autista resulta em atraso do desenvolvimento, baixa estatura, magreza e deficiência intelectual.

( ) O diagnóstico do transtorno do espectro autista requer a presença de padrões restritos e repetitivos de comportamento, interesses ou atividades.

( ) Uma das características no transtorno do espectro autista é a lentidão de movimentos e a espasticidade associada.

Agora, assinale a alternativa que apresenta a sequência correta:
a) F, F, V, V, F.
b) V, F, V, V, F.
c) F, F, V, F, V.
d) V, V, F, V, F
e) V, V, V, F, F.

4. Com respeito à aplicação de atividades físicas e esportes para alunos com transtorno do espectro autista, assinale a alternativa correta:

   a) Os alunos com transtorno do espectro autista mostram excelente habilidade motora.
   b) Devem-se evitar atividades de condicionamento físico, equilíbrio e movimentos básicos.
   c) Os programas de atividade física devem enfatizar habilidades e padrões motores fundamentais.
   d) Jogos e esportes individuais e atividades de desenvolvimento estão proibidos.
   e) O ideal é não diversificar as experiências para não confundir o aluno.

5. Analise as assertivas a seguir e marque V para as verdadeiras e F para as falsas.

   ( ) As pessoas com deficiência intelectual têm dificuldade para manter a atenção, antecipar e selecionar estímulos ou respostas.
   ( ) O professor deve escolher atividades que enfatizem movimentos lentos e controlados para promover aceleração de comportamentos dos alunos com TDAH.
   ( ) Para alunos com TDAH, o professor deve estabelecer regras de aula usando cartazes com comandos visuais para chamar a atenção com eficiência.
   ( ) Para alunos com TEA, a utilização de música nas atividades e exercícios aeróbicos intensos são úteis na redução de comportamentos estereotipados e não adaptativos.
   ( ) As atividades e os jogos adaptados podem integrar o planejamento do professor de educação física.

Agora, assinale a alternativa que apresenta a sequência correta:

a) V, V, F, V, F.
b) V, V, V, F, F.
c) F, F, F, V, V.
d) F, V, V, F, V.
e) V, F, V, F, V.

## Atividades de aprendizagem

*Questões para reflexão*

1. Considerando-se que a atenção é uma habilidade cognitiva complexa e com vários componentes e imprescindível para a aprendizagem, como é possível, nas atividades práticas, chamar e manter a atenção de alunos com deficiência intelectual?
2. Como promover nas aulas a interação entre alunos com e sem deficiência?

*Atividade aplicada: prática*

1. Elabore algumas atividades nas quais haja a presença de um amigo-tutor para um aluno com TDAH que tenha como característica principal muita dificuldade de se organizar e seguir rotinas. Como estratégia, utilize os Cadernos de Apoio Pedagógico (CAP) elaborados pelo Ministério do Esporte para o Programa Segundo Tempo na Escola:

BRASIL. Ministério do Esporte. **Segundo Tempo na Escola**. Materiais pedagógicos. Brasília, 2011. Disponível em: <http://arquivo.esporte.gov.br/index.php/noticiasrio/150-ministerio-do-esporte/segundo-tempo-na-escola>. Acesso em: 16 out. 2020.

# Capítulo 4

## Deficiência física e atividade física/exercício físico

*Maria de Fátima Fernandes Vara*

**N**este capítulo, apresentaremos como se caracterizam alguns tipos de comprometimentos e como é possível realizar adaptações para que as aulas destinadas a indivíduos com essas condições sejam realmente inclusivas. É importante que o professor conheça ao máximo as possibilidades funcionais do aluno para que possa oferecer atividades adequadas – desafiadoras, porém seguras (e viáveis).

Inicialmente, trataremos da lesão medular e apontaremos sugestões das principais adaptações para recreação e aulas de educação física para alunos com esse comprometimento. Também indicaremos os principais pontos que devem ser observados em programas de treinamento e de *personal trainer* para esses alunos.

Na sequência, abordaremos a paralisia cerebral, o acidente vascular encefálico e o traumatismo cranioencefálico, demonstrando a diferença entre eles e o que é preciso considerar para a elaboração das atividades nas aulas de educação física.

Existem diferentes tipos de comprometimentos físicos e distintas etiologias. Por isso, é importante conhecer o máximo de detalhes de cada caso. Identificar os esportes já praticados por pessoas com comprometimentos semelhantes pode ser uma inspiração para os professores e, por isso, destacaremos modalidades esportivas indicadas para cada caso.

Antes de iniciar as atividades, algumas perguntas devem ser feitas, conforme o Quadro 4.1.

Quadro 4.1 Questões relevantes durante a avaliação da pessoa com deficiência física

| Perguntas | Possíveis situações |
| --- | --- |
| - Qual é a etiologia (causa) do comprometimento do aluno?<br>- A condição é estável?<br>- Há restrições com relação a movimentos?<br>- O aluno pode participar de todas as atividades?<br>- Existe alguma recomendação específica em virtude da utilização de medicamentos, órteses ou próteses?<br>- Existe alguma restrição com relação às atividades considerando-se as condições cardiorrespiratórias do aluno? | Em alguns casos, pode haver restrições para a realização de determinados movimentos, com alguma limitação ou orientação específica com relação às estruturas osteomioarticulares (ossos, músculos e articulações). Por exemplo, pode existir perda ou diminuição da massa óssea com maior risco de fratura ou instabilidade articular com maior risco de luxação no caso de movimentos bruscos ou de alto impacto. Pode, ainda, haver uma recomendação médica específica a respeito de medicamentos ou outras condições fisiológicas. |

A interdisciplinaridade tem um papel muito relevante em casos como esses. Por isso, o professor deve conversar com os demais profissionais envolvidos sempre que possível, a fim de discutir tanto as possibilidades quanto as restrições observadas em cada situação.

## 4.1 Lesão medular

A lesão medular (LM) é definida como um acometimento em um ou em mais níveis da medula espinhal, podendo ser completa ou incompleta, "implicando perdas sensoriais, motoras, sexuais, descontrole dos esfíncteres vesical e intestinal e complicações potenciais nas funções respiratória, térmica e circulatória, espasticidade e dor" (Machado, 2016, p. 2).

> O TRM [trauma raquimedular] é definido como a consequência de uma força física que supera a capacidade de proteção e sustentação da coluna vertebral e ocasiona uma compressão e/ou qualquer nível de laceração da medula espinhal, causando uma lesão que pode gerar comprometimento neurológico permanente. (Nunes; Morais; Ferreira, 2017, p. 88)

As possíveis causas da LM podem ser "congênitas, traumáticas, degenerativas, tumorais, infecciosas, doenças neurológicas, sistêmicas e doenças vasculares" (Gaspar et al., 2003, p. 74). Infelizmente, o trauma ainda é responsável por um grande número de casos, atingindo indivíduos de todas as idades.

O indivíduo com LM pode apresentar comprometimentos com relação à força muscular, à amplitude de movimentos e à sensibilidade, que variam conforme o nível da lesão.

O sistema nervoso central (SNC) é formado pelo encéfalo e pela medula, ambos protegidos por ossos, sendo o primeiro protegido pela caixa craniana e a segunda, pela coluna vertebral (Tortora; Derrickson, 2014, p. 473). Vejamos, na Figura 4.1, a posição dessas estruturas no corpo humano.

Figura 4.1 Encéfalo e medula

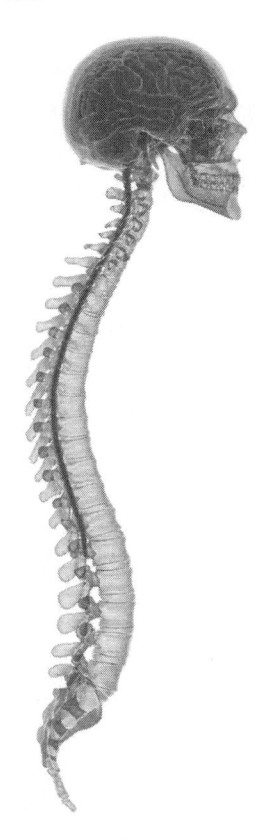

SciePro/Shutterstock

Na Figura 4.2, estão representados os diferentes níveis dos nervos espinhais, em um total de 31 pares, que se ramificam para então inervar o tronco e os membros superiores e inferiores. São 8 pares de nervos cervicais (que formam os plexos cervical e braquial), 12 pares de nervos torácicos, 5 pares de nervos lombares (que formam o plexo lombar), 5 pares de nervos sacrais (que formam o plexo sacral) e 1 par de nervos coccígeos (Tortora; Derrickson, 2014).

**Figura 4.2** Pares de nervos que saem da medula

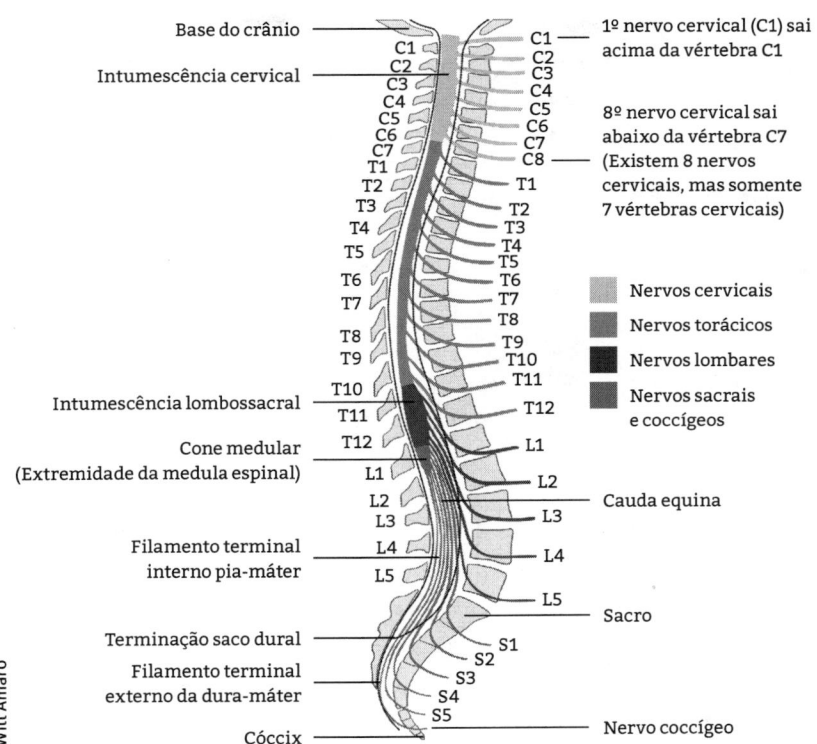

- Base do crânio
- Intumescência cervical
- Intumescência lombossacral
- Cone medular (Extremidade da medula espinal)
- Filamento terminal interno pia-máter
- Terminação saco dural
- Filamento terminal externo da dura-máter
- Cóccix

1º nervo cervical (C1) sai acima da vértebra C1

8º nervo cervical sai abaixo da vértebra C7 (Existem 8 nervos cervicais, mas somente 7 vértebras cervicais)

- Nervos cervicais
- Nervos torácicos
- Nervos lombares
- Nervos sacrais e coccígeos

Cauda equina

Sacro

Nervo coccígeo

Will Amaro

A Figura 4.3 mostra um corte transversal da medula espinhal, pelo qual é possível observar a estrutura do "H" medular, formado por substância cinzenta, que é mais escura, na qual estão os corpos celulares de neurônios. A substância branca é composta dos axônios dos neurônios, envoltos pela bainha de mielina. A via aferente, da sensibilidade, que conduz as informações das estruturas periféricas para o SNC, é a raiz posterior (dorsal). Já a raiz anterior é a via eferente, motora, que conduz as informações do SNC para as estruturas periféricas (Tortora; Derrickson, 2014).

Figura 4.3 Corte transversal da medula

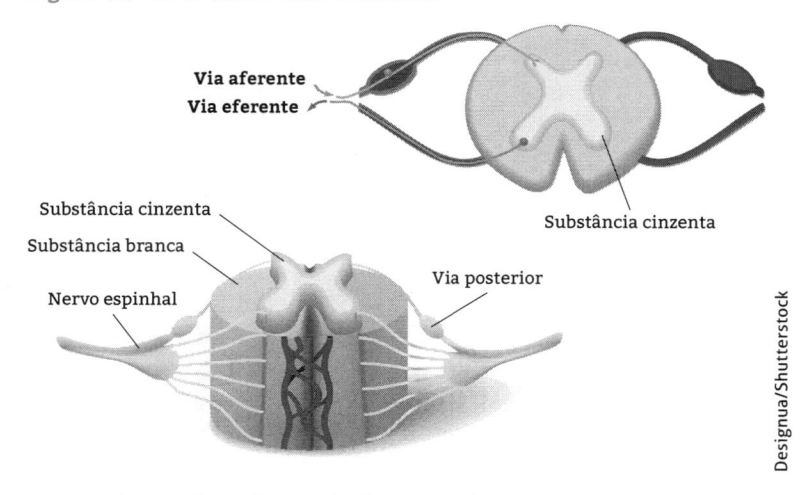

Via aferente
Via eferente

Substância cinzenta
Substância branca
Nervo espinhal
Via posterior
Substância cinzenta

Designua/Shutterstock

Embora não seja possível generalizar, é possível compreender melhor as alterações decorrentes de LM considerando-se a seguinte observação: quando completa e quanto mais alta for a lesão, mais significativas serão as alterações motora e sensorial. A lesão será considerada **tetraplegia** quando o indivíduo não tiver movimentos e **tetraparesia** quando ele tiver diminuição de força nos membros superiores e inferiores e no tronco. Nesses casos, pode ser que o aluno precise do auxílio de outra pessoa para realizar as tarefas (ou algumas delas). Também serão necessárias adaptações para possibilitar sua participação nas aulas. É importante dar à criança o máximo de autonomia possível para a realização das atividades. Os casos de LM incompleta e/ou em nível mais baixo podem levar à alteração de sensibilidade ou à perda de movimentos no tronco e/ou nos membros inferiores, igualmente sendo indicadas adequações para maior autonomia do aluno durante as atividades.

A seguir, no Quadro 4.2, apresentamos alguns exemplos (lista não exaustiva) dos movimentos testados de acordo com a estrutura da medula. Conforme for o nível da lesão, o indivíduo manifestará (ou não) alterações no teste manual de força, que varia de 0 a 5 – sendo 0 quando o músculo não tem contração e 5 quando o músculo tem força dentro dos padrões de normalidade (Hislop; Montgomery, 2008).

Quadro 4.2 Níveis da medula e movimentos

| Nível nervoso | Articulação | Movimento |
|---|---|---|
| C5 | Cotovelo | Flexão |
| C6 | Punho | Extensão |
| C7 | Cotovelo | Extensão |
| C8 | Do 2º ao 5º dedos da mão (2º ao 5º quirodáctilos) | Flexão |
| T1 | 5º dedo da mão (5º quirodáctilo) | Abdução |
| L2 | Quadril | Flexão |
| L3 | Joelho | Extensão |
| L4 | Tornozelo | Dorsiflexão |
| L5 | 1º dedo do pé (1 pododáctilo) | Extensão |
| S1 | Tornozelo | Plantiflexão |

Fonte: Elaborado com base em Asia, 2019a; Tortora; Derrickson, 2014.

## 4.1.1 Aspectos sensoriais e funcionais

Conforme o tipo de LM, considerando-se o nível e se ela é completa ou incompleta, pode haver o comprometimento da força muscular, da amplitude de movimentos e da sensibilidade em diferentes proporções e segmentos corporais. Por isso, é preciso estar atento aos detalhes e à forma como essas alterações comprometem (ou não) a segurança ou a realização das atividades.

## Aspectos sensoriais

Para os aspectos sensoriais, é importante desenvolver práticas com a utilização dos sentidos (e observar se existe a alteração ou perda deles). Assim, podem ser feitas atividades voltadas à percepção do próprio corpo ou do corpo do colega e da relação do aluno com o ambiente e com os objetos que nele se encontram. "As sensações e percepções são informações que chegam a nós, ao corpo, pelos sentidos em contato com o mundo exterior" (Terra, 2011, p. 166). Mas como é feita a correlação entre os níveis de LM e a perda/alteração da sensibilidade? Podemos observar, na Figura 4.4, um mapa de dermátomos – com vistas anterior e posterior – com a relação de cada segmento e o nível do qual sai o respectivo nervo. Essa imagem ajuda a compreender as possíveis alterações táteis conforme o nível de LM.

Figura 4.4 Dermátomos

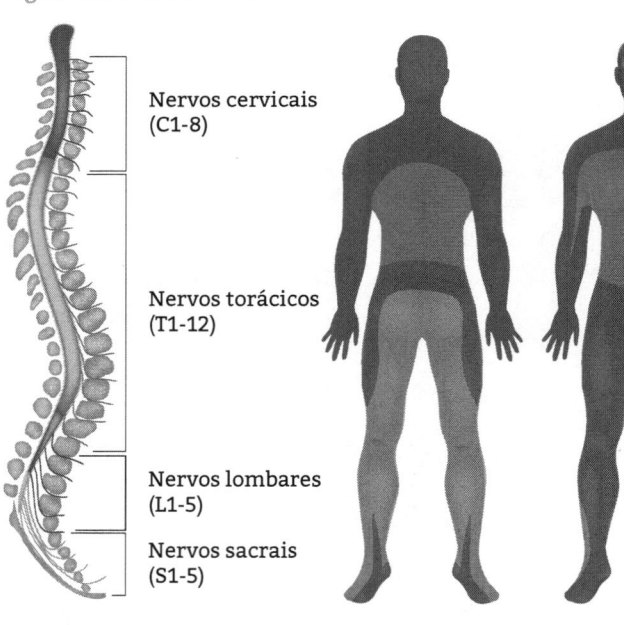

Nervos cervicais (C1-8)

Nervos torácicos (T1-12)

Nervos lombares (L1-5)

Nervos sacrais (S1-5)

## Aspectos funcionais

A LM pode ter como consequência um quadro de tetraplegia (sem movimento) ou tetraparesia (diminuição da força muscular nos membros superiores e inferiores e no tronco), quando ocorre acima do nível T1, e paraplegia (completa) ou paraparesia (incompleta), quando ocorre abaixo do nível medular T1 (Asia, 2020). Porém, como saber quais são os movimentos que o aluno consegue realizar?

Vale lembrar que sempre é preciso estudar o diagnóstico do aluno. Se for o laudo de um fisioterapeuta, é possível identificar que a criança apresenta certo grau (de 0 a 5) de força em determinado segmento corporal. O que isso significa?

Existem diversos testes manuais, como o descrito por Hislop e Montgomery (2008), no qual a força e a amplitude de movimento articular são classificadas em uma escala de 0 a 5:

- **Grau 0** – Nenhum movimento ou contração.
- **Grau 1** – Apenas a contração é percebida.
- **Grau 2** – Movimento sem ação da gravidade.
- **Grau 3** – Vence a gravidade, porém sem resistência.
- **Grau 4** – Vence a resistência, porém menos do que no grau 5.
- **Grau 5** – Força normal, capaz de vencer a resistência.

É importante que o professor de educação física conheça muito bem os conteúdos de anatomia e de cinesiologia (descrição dos movimentos e dos músculos envolvidos), pois isso o ajuda a compreender os resultados da avaliação funcional e do acompanhamento das atividades.

## 4.2 Adaptação de programas de recreação e de aulas de educação física para alunos com lesão medular

Elaborar uma aula adaptada, de forma a oferecer a possibilidade de participação de todos os alunos, não é tarefa simples. Para isso, é preciso conhecer as diferentes situações envolvidas para poder desenvolver as mais diversas atividades.

Nesse caso, o docente deve ter cautela para realizar as tarefas, porém sem medo do que lhe seja novo. O importante é reconhecer que sempre haverá uma nova situação, um novo desafio e que, quanto mais se avança na aula, mais fácil se torna perceber novas formas de atuação.

Sugerimos, então, que o professor conheça a história do aluno com LM e, quando possível, converse com os outros profissionais envolvidos (inclusive os da saúde) e, principalmente, investigue quais são as restrições (médicas, por exemplo) que o estudante enfrenta e o que é factível (do ponto de vista funcional) que ele realize.

Dessa maneira, o docente conseguirá organizar de forma mais segura as atividades adaptadas. Em caso de dúvida, ele pode conversar com o responsável ou profissional da saúde – até obter informações consistentes, é importante não realizar atividades que possam colocar o aluno em situação de risco. Seguem algumas perguntas que podem ser feitas (lista não exaustiva):

- Qual é a etiologia (causa) da LM?
- A LM é estável?
- O aluno tem restrições com relação ao movimento?
- O aluno pode participar de todas as atividades adaptadas?

- Existe alguma recomendação em virtude da utilização de medicamentos, órteses ou próteses pelo aluno?
- Existe alguma restrição com relação às atividades considerando-se as condições cardiorrespiratórias do aluno?
- Existe alguma restrição ou orientação específica com relação às estruturas osteomioarticulares (ossos, músculos e articulações) do aluno? Exemplo: perda/diminuição da massa óssea com maior risco de fratura ou instabilidade articular com maior risco de luxação.

Cabe ressaltar que a atividade deve ser segura e responsável, sempre dentro das possibilidades e respeitando as especificidades de cada aluno.

Sendo o esporte uma das ferramentas para desenvolver as aulas, é fortemente recomendado que o professor visite os *sites* de diversas modalidades, observando suas práticas, assistindo aos vídeos disponíveis e conhecendo suas classificações funcionais.

Embora os comprometimentos possam acontecer em diferentes níveis, é possível analisá-los de acordo com suas possibilidades funcionais, atentando-se para aspectos relacionados ao controle de tronco e aos movimentos de membros superiores e inferiores. Também é preciso observar se, em cada um desses segmentos, a alteração funcional é parcial ou completa, levando-se em conta os resultados dos testes de força e de amplitude de movimento, que podem ser utilizados em todos esses casos, o que oferece uma boa noção quanto às condições funcionais.

## Figura 4.5 Diagrama para a análise de movimentos

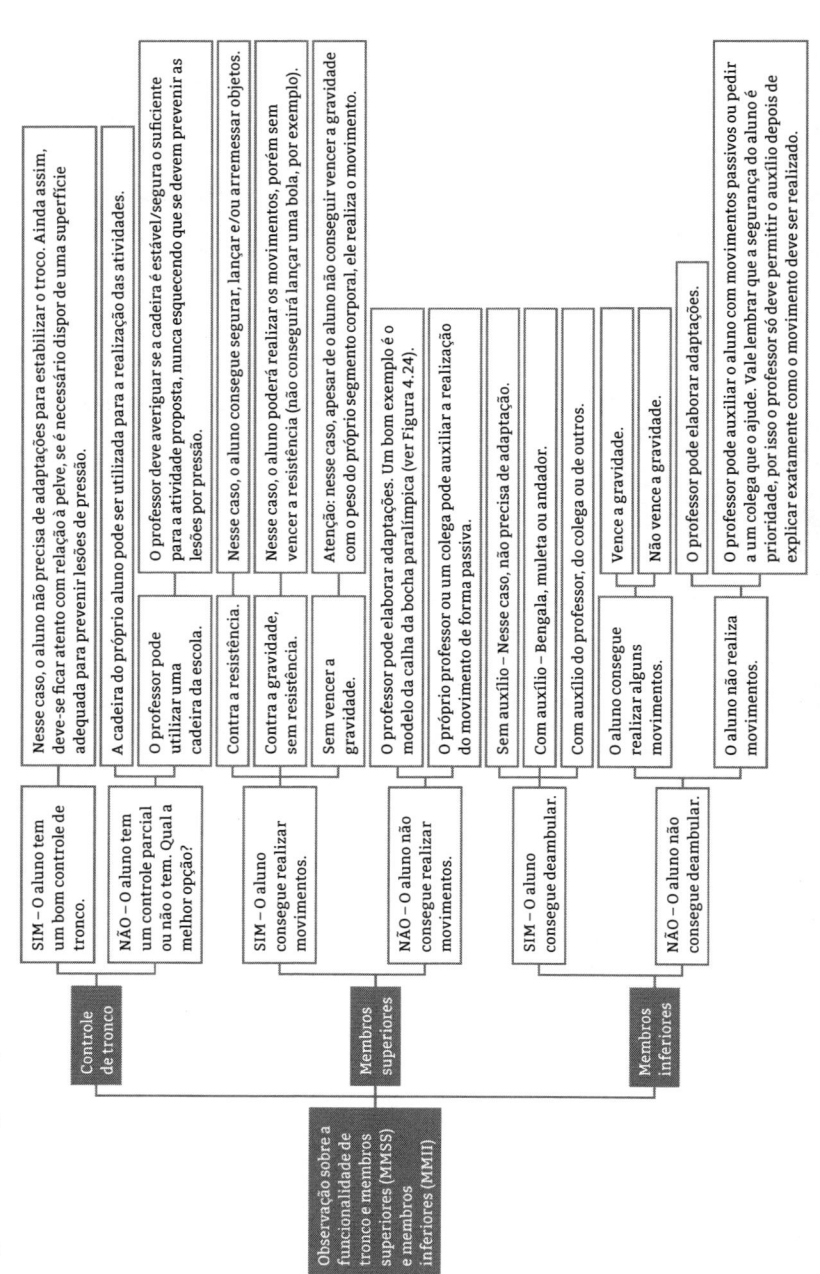

**Observação sobre a funcionalidade de tronco e membros superiores (MMSS) e membros inferiores (MMII)**

### Controle de tronco

- **SIM – O aluno tem um bom controle de tronco.**
  - Nesse caso, o aluno não precisa de adaptações para estabilizar o tronco. Ainda assim, deve-se ficar atento com relação à pelve, se é necessário dispor de uma superfície adequada para prevenir lesões de pressão.

- **NÃO – O aluno tem um controle parcial ou não o tem. Qual a melhor opção?**
  - A cadeira do próprio aluno pode ser utilizada para a realização das atividades.
    - O professor deve averiguar se a cadeira é estável/segura o suficiente para a atividade proposta, nunca esquecendo que se devem prevenir as lesões por pressão.
  - O professor pode utilizar uma cadeira da escola.

### Membros superiores

- **SIM – O aluno consegue realizar movimentos.**
  - Contra a resistência.
    - Nesse caso, o aluno consegue segurar, lançar e/ou arremessar objetos.
  - Contra a gravidade, sem resistência.
    - Nesse caso, o aluno poderá realizar os movimentos, porém sem vencer a resistência (não conseguirá lançar uma bola, por exemplo).
  - Sem vencer a gravidade.
    - Atenção: nesse caso, apesar de o aluno não conseguir vencer a gravidade com o peso do próprio segmento corporal, ele realiza o movimento.

- **NÃO – O aluno não consegue realizar movimentos.**
  - O professor pode elaborar adaptações. Um bom exemplo é o modelo da calha da bocha paralímpica (ver Figura 4.24).
  - O próprio professor ou um colega pode auxiliar a realização do movimento de forma passiva.

### Membros inferiores

- **SIM – O aluno consegue deambular.**
  - Sem auxílio – Nesse caso, não precisa de adaptação.
  - Com auxílio – Bengala, muleta ou andador.
  - Com auxílio do professor, do colega ou de outros.

- **NÃO – O aluno não consegue deambular.**
  - O aluno consegue realizar alguns movimentos.
    - Vence a gravidade.
    - Não vence a gravidade.
      - O professor pode elaborar adaptações.
  - O aluno não realiza movimentos.
    - O professor pode auxiliar o aluno com movimentos passivos ou pedir a um colega que o ajude. Vale lembrar que a segurança do aluno é prioridade, por isso o professor só deve permitir o auxílio depois de explicar exatamente como o movimento deve ser realizado.

Tendo em vista essa análise, para cada atividade que for elaborar, o professor deve se perguntar: "Como..., se...?". Por exemplo: "**Como** eu poderei adaptar a atividade, **se** meu aluno não conseguir realizar movimentos de tronco e de membros superiores e/ou inferiores?".

Dessa forma, a adaptação passa a ser um exercício/desafio do dia a dia e, como apontamos anteriormente, quanto mais exercícios forem realizados, mais descobertas de novas possibilidades de atividades inclusivas haverá.

Tanto as atividades de recreação quanto as aulas de educação física devem ser planejadas para contemplar a participação de todos os alunos, com qualquer tipo de comprometimento. Por isso, é sempre bom pensar em diferentes formas de adaptação. A seguir, apresentamos algumas opções de adaptação para a pessoa com LM.

Vamos iniciar com um exemplo de esporte individual: o atletismo. É importante que o professor conheça o potencial funcional de cada aluno. Os estudantes também devem identificar do que gostam e do que são capazes, e a escola é o espaço ideal para isso.

Com base no diagrama da Figura 4.5, o professor define as atividades de atletismo que podem ser desenvolvidas.

- **Na pista**
    - Caminhadas – O aluno é capaz de caminhar? De correr? Ele utiliza cadeira de rodas? Precisa de auxílio para o deslocamento (andador ou muletas)?
    - Corridas – No caso das corridas com barreiras, podem-se traçar linhas para que os alunos usuários de cadeira de rodas ou muletas passem por cima delas ou, sendo os obstáculos mais altos, por baixo.

- **No campo**
  - Saltos – O aluno consegue fazer o movimento completo? Caso a resposta seja negativa, sugerimos que o professor elabore uma sequência de partes do movimento, desde o deslocamento de membros inferiores com auxílio até a ação completa. Quanto mais for desmembrado o movimento, mais alunos poderão experimentar a atividade. Pode ser que o salto aconteça com o auxílio do professor e/ou dos colegas, mas o importante é que seja prazeroso, seguro e desafiador. A superfície deve ser adequada, podendo ser de areia fofa ou com colchões, para que seja minimizado o risco do aluno.
  - Arremessos e lançamentos – O aluno consegue ficar em pé? Precisa de uma cadeira? Caso o professor opte por utilizar uma cadeira da escola, ele deve averiguar se ela é segura para a atividade (por exemplo, não devem ser usadas cadeiras instáveis, fracas ou danificadas). É possível realizar a atividade da própria cadeira? O aluno tem força e coordenação para realizar o movimento sozinho? Caso alguém o auxilie, é necessário que respeite os limites de amplitude de movimento e não exagere na velocidade para a realização da atividade. Além disso, não se devem fazer movimentos bruscos. O professor também pode buscar inspiração na bocha paralímpica, na qual os atletas da classe BC3 utilizam calhas para lançar as bolas. Da mesma forma, podem ser fabricadas calhas para os alunos, em especial os tetraplégicos (mas não se limitando a eles), que não consigam segurar e/ou lançar objetos.
  - Paracanoagem – Pode ser praticada com diferentes finalidades – lazer, recreação e socialização –, e não apenas para o esporte de alto rendimento. Devem-se observar alguns aspectos de segurança, conforme a experiência do aluno e seu nível de comprometimento funcional. Quanto mais

alto for o nível de LM, mais adaptações serão necessárias, tanto para estabilizar o corpo da criança no barco quanto para proteger os diferentes segmentos corporais para a prevenção de lesão por pressão (LPP). Imagine um aluno com LM nível T11 completa que, ao sair do barco, precisa permanecer em um trapiche de madeira, que não é adequado para uma pessoa com LM se sentar. Então, nesse caso, sugerimos que seja colocado um tapete de EVA sobre o local. Dessa forma, pode-se treinar para que o aluno saia sozinho do barco, sente no trapiche e, em seguida, suba sozinho na cadeira. Nos casos de LM alta, o atleta precisará de auxílio para fazer a transferência. Uma das principais vantagens da paracanoagem é o estímulo multidirecional que a modalidade propicia ao aluno, favorecendo, dessa forma, a melhora no equilíbrio e no controle postural.

- Caminhadas ao ar livre – Também podem ser uma opção de atividade para alunos com LM. Deve-se considerar a melhor alternativa para a criança deslocar-se, se de cadeira de rodas ou de muletas, sempre conforme suas condições funcionais, como podemos observar na Figura 4.6.

Figura 4.6 Montanhismo

- **Na quadra**

A dança em cadeira de rodas é uma atividade que pode ser estimulada na escola, pois é excelente para desenvolver a expressão e a consciência corporal, bem como a relação com o movimento do corpo do colega (quando individual ou em dupla).

Vejamos algumas sugestões:

- O aluno cadeirante desloca-se livremente de acordo com o ritmo proposto (enquanto os outros realizam a mesma ação na posição proposta pela turma e/ou pelo professor). No caso, quando o aluno não conseguir fazer a atividade sozinho, um colega poderá auxiliá-lo.
- O aluno cadeirante deve conduzir a cadeira de rodas com uma das mãos e segurar o colega com a outra.
- O aluno cadeirante faz movimentos livres com os membros superiores enquanto o colega empurra a cadeira. Caso aquele não consiga movimentar os braços, ele poderá expressar-se da forma que lhe for possível.

Figura 4.7 Dança em cadeira de rodas

Outra modalidade, o basquete em cadeira de rodas, é um exemplo de esporte coletivo que pode ser praticado por alunos com LM. Caso a escola tenha acesso a cadeiras esportivas, os estudantes podem experimentar outra forma de deslocamento. Se não houver acesso a essas cadeiras, pode-se deixar todos os alunos sentados nos assentos da escola (seguros e estáveis), adequando-se as regras para o deslocamento da bola e alternando-se a posição dos alunos a cada jogada.

### Exemplo prático

Atividade em cadeiras sem rodas em uma quadra de basquete
Primeiramente, o professor deve dividir a turma em dois grupos, com 5 alunos em cada.

#### Opção 1

O professor distribui os alunos na quadra, todos sentados em uma cadeira (estável e segura). Na Figura A, uma equipe é representada por triângulos e a outra, por estrelas.

Os alunos devem lançar a bola sentados, tentando arremessá-la na cesta. Os movimentos do tronco e dos membros superiores são todos permitidos, desde que os jogadores permaneçam sentados.

Figura A Esquema para a aula de basquete com cadeiras para equipes de 5 alunos

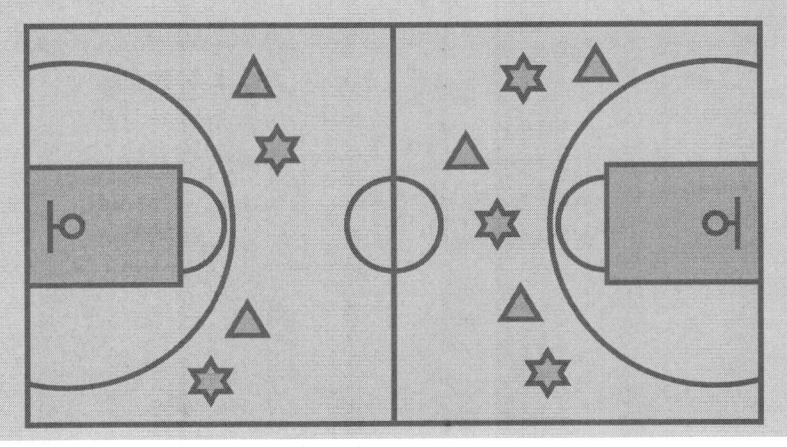

### Opção 2

Agora, em cada time, 4 alunos devem permanecer sentados e 1 aluno, em pé, podendo caminhar ou correr, desde que passe a bola para pelo menos 2 colegas sentados antes de tentar arremessá-la na cesta.

**Figura B** Esquema para a aula de basquete para equipes de 4 alunos em cadeiras e 1 andando/correndo

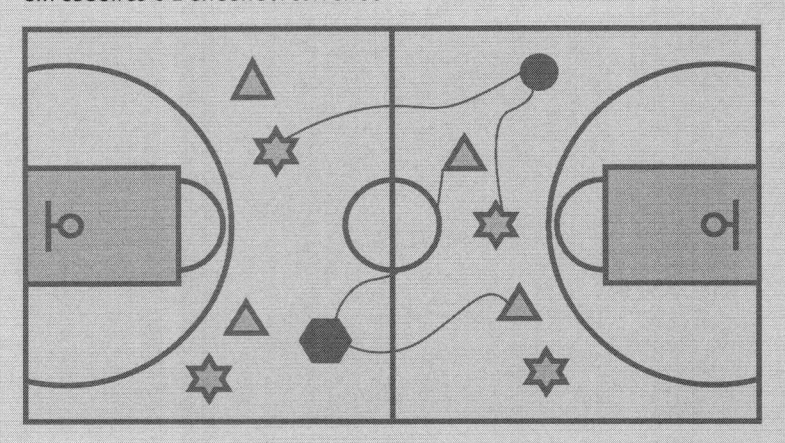

Caso algum aluno não tenha força para lançar a bola, o professor pode auxiliá-lo (lembrando-se dos cuidados com relação à amplitude de movimento e à tração). Além disso, a cesta pode ser mais baixa e a bola, mais leve.

### ■ Na praia

A praia também pode ser um ambiente acessível às crianças com LM. Para isso, devem-se adequar os acessos até a areia e dispor de uma cadeira adequada, como mostra a Figura 4.8.

Figura 4.8 Atividade adaptada na praia

Já a Figura 4.9 mostra um usuário de cadeira de rodas preparada para uma prática de *stand up paddle*. Essa atividade, além de propiciar um contato próximo à natureza, contribui com um estímulo multidirecional, importante para melhorar o controle e a postura corporal.

Figura 4.9 *Stand up paddle* adaptado

A participação de alunos com LM nas atividades de recreação e nas aulas de educação física depende basicamente dos seguintes fatores:

- acessibilidade;
- adequação de materiais e de metodologia;
- preparo dos profissionais envolvidos.

Na Figura 4.10, podemos observar uma atividade em um parque planejada especialmente para pessoas com deficiência.

Figura 4.10 Atividade adaptada

Paolo Bona/Shutterstock.com

Vivemos em uma sociedade na qual cada vez mais é preciso reforçar valores e ensinar as crianças sobre o respeito à diversidade. Dessa forma, é importante viver os valores paralímpicos que impõem a necessidade de se respeitarem as diferenças. O esporte é uma ferramenta importante para que isso se torne cada vez mais real. É possível elaborar atividades nas quais crianças com diferentes níveis de possibilidades funcionais consigam interagir e aproveitar, compartilhando a experiência, como exemplificam as silhuetas da Figura 4.11.

Figura 4.11 Prática inclusiva

Nesse sentido, cabe aos professores promover as melhores adequações possíveis para que as crianças possam escolher o que querem fazer, diferentemente do que acontece muitas vezes, quando a pessoa com deficiência faz uma ou outra atividade escolhida pelo professor e que lhe é acessível. Por isso, a aula de educação física deve ser adequada para a participação de todos. Para que isso ocorra, conforme comentamos anteriormente, em todo planejamento de aula, o professor deve considerar as seguintes reflexões, por exemplo: "E se meu aluno não conseguir caminhar sozinho?" ou "E se meu aluno não conseguir segurar e lançar uma bola?".

Portanto, é preciso praticar ideias inclusivas. Não é fácil, não é simples, mas é direito dos alunos participar de todas as aulas, cada um de acordo com suas possibilidades.

## 4.3 Adaptação de programas de treinamento e de *personal trainer* para crianças com lesão medular

É importante que o profissional tenha claro qual é o objetivo do treinamento: se o foco é saúde, esporte de rendimento ou outro. Também é fundamental conhecer o aluno, saber do que ele gosta.

Com essas informações, o professor pode elaborar uma série de avaliações e solicitar que o aluno realize alguns exames com outros profissionais. Nesse sentido, cabe ao docente avaliar os seguintes aspectos da aptidão física:

- **Resistência muscular/força** – Nesse caso, é imprescindível conhecer os segmentos que são funcionais ou parcialmente funcionais, bem como o grau de força muscular (se o aluno é capaz de realizar o movimento, vencendo ou não a gravidade e/ou a resistência). Pode-se utilizar o protocolo de Hislop e Montgomery (2008) para averiguar a força muscular por segmento corporal e, ainda, é possível discutir essa avaliação com outros profissionais, como o médico e o fisioterapeuta.
- **Aptidão cardiorrespiratória** – A resistência cardiorrespiratória pode ser definida como a "capacidade de resistir a atividades que demandem esforço físico, com o trabalho de vários grupos musculares, mantendo o ritmo constante" (Vara; Pacheco, 2018, p. 39). O volume de oxigênio máximo ($VO_{2máx}$) e os limiares aeróbico e anaeróbico são, segundo Schneider et al. (2014), indicadores da aptidão cardiorrespiratória. A frequência cardíaca (FC) máxima a ser atingida durante os treinos dos alunos com LM deve ser calculada com base nos resultados do teste ergométrico realizado por um médico. Além disso, o docente pode utilizar, no dia a dia, uma escala de percepção subjetiva de esforço, como a de Borg (Quadro 4.3) – os exames realizados pelo médico

são essenciais, mas a escala subjetiva é uma opção para acompanhamento diário. A Escala RPE (*ratings of perceived exertion*), de Borg, é uma ferramenta simples de usar que pode auxiliar o profissional a determinar o índice de esforço percebido (Mueller; Kneubuehler, 2016). Estudos como o de Kaercher et al. (2018) mostram que existe uma forte relação entre a FC e a escala de Borg. Outro aspecto que deve ser considerado é a preparação para prestar os primeiros socorros, caso seja necessário (não apenas para os alunos com LM, mas para todos): saber o número do serviço de atendimento de urgência e de emergência, além de estar pronto para as ações necessárias até a chegada do serviço especializado.

Quadro 4.3 Fluxo para observação da funcionalidade

| | | |
|---|---|---|
| Leve | 6 | Sem nenhum esforço |
| | 7 | Extremamente leve |
| | 8 | |
| | 9 | Muito leve |
| | 10 | |
| | 11 | Leve |
| Moderado | 12 | |
| | 13 | Um pouco intenso |
| | 14 | |
| | 15 | Intenso (pesado) |
| | 16 | |
| Intenso | 17 | Muito intenso |
| | 18 | |
| | 19 | Extremamente intenso |
| | 20 | Máximo esforço |

Fonte: Mueller; Kneubuehler, 2016, p. 666.

- **Flexibilidade** – "A flexibilidade, como aptidão física, está diretamente relacionada à saúde, à realização de AVDs [atividades da vida diária], uma vez que quadros de desequilíbrio osteomioarticular podem levar a complicações, que tendem a ser agravadas quando não identificadas e compensadas" (Vara; Pacheco, 2018, p. 41). No caso do aluno com LM, que pode ser usuário de cadeira de rodas ou de muletas ou, ainda, deambular de forma independente (conforme cada nível de comprometimento), devem-se considerar as possíveis compensações. Por exemplo, se o aluno passa o dia em uma cadeira de rodas, existe uma chance maior de encurtamento em flexores do joelho e do quadril. Mesmo que a criança não tenha movimentos voluntários, ainda assim deve ser orientada a alongar e/ou permanecer em posições que minimizem os riscos de encurtamento. Claro que tudo deve ser feito e orientado após um estudo aprofundado de cada caso e, sempre que possível, uma discussão com outros profissionais envolvidos.

- **Composição corporal** – A avaliação da composição corporal deve fazer parte do plano de treinamento, uma vez que aponta a proporção entre a massa corporal magra e a massa de gordura, além de ser uma importante informação na prevenção de doenças crônico-degenerativas. A avaliação da composição corporal em pessoas com lesão medular requer algumas adequações em relação à forma como é feita em pessoas hígidas. Embora o efeito positivo da atividade física na proporção da massa magra em pessoas hígidas esteja bem estabelecido, ainda existem poucos estudos sobre a composição corporal nos diferentes tipos de comprometimento físico, aqui, em especial, nos distintos tipos e níveis de LM (Mojtahedi; Valentine; Evans, 2009). As proporções dos componentes e dos segmentos corporais utilizadas para os cálculos da composição corporal são alteradas. O estudo de Ribeiro Neto e Lopes (2013, p. 750) evidenciou que "A utilização de padrões como referência inicial permite um controle mais adequado das respostas das atividades físicas, além de um fator motivacional em prol da saúde e melhora de funcionalidade". Apesar de os autores não terem encontrado diferenças significativas entre os níveis de LM, a correlação entre o somatório das dobras cutâneas e o índice de massa corporal (IMC) foi positiva. Este é um indicador de fácil utilização, sendo que o "resultado do IMC aponta se a pessoa está ou não dentro dos padrões seguros em relação à obesidade e ao sobrepeso" (Vara; Pacheco, 2018, p. 42). A fórmula para o cálculo do IMC é a seguinte:

$$IMC = Massa\ /\ Altura^2$$

Sendo:
- massa corporal em quilogramas (kg);
- altura em metros (m).

Também é importante avaliar a postura e o movimento dos segmentos corporais, uma vez que, no caso das pessoas com comprometimento físico, o risco de desequilíbrios e de compensações é maior do que em indivíduos hígidos. Existem diversos recursos para a análise do movimento humano, desde os caros, encontrados em grandes laboratórios, até os simples, que dependem de câmera, de *softwares* (alguns gratuitos) e do conhecimento do profissional para a escolha da metodologia utilizada (posição, movimento, pontos marcados).

O *software* Kinovea é uma das opções interessantes para a análise angular. Outro programa gratuito e muito útil para o estudo da biomecânica é o Handbrake. Ele comprime vídeos sem comprometer a qualidade de análise, o que facilita o armazenamento de material, quando se pretende avaliar um número grande de alunos.

Uma boa análise pode ajudar a identificar com mais precisão o ângulo dos movimentos realizados e até a simetria (ou não) dos segmentos corporais. O professor pode utilizá-la para realizar avaliações ou acompanhar a evolução do aluno em diferentes atividades.

Mais uma vez, é importante que o professor tenha claro o que pretende coletar e desenvolva uma metodologia bem detalhada para que os resultados sejam mais precisos. Quando se utilizam câmeras, elas devem ser posicionadas em ângulos de 90° em relação ao movimento que se pretende analisar. Por exemplo, se o objetivo for avaliar o movimento de abdução de ombro, a câmera deverá estar posicionada em frente ao avaliado.

A pessoa com LM pode praticar diversos esportes, como basquete em cadeira de rodas, remo, canoagem, esgrima, tênis de campo, tênis de mesa e outros. Também pode praticar atividades como musculação, precisando adaptar a posição para a realização dos exercícios a fim de evitar, sempre que possível, sobrecarga desnecessária. Por fim, o docente deve observar cada uma das modalidades paralímpicas praticadas por pessoas com LM e refletir sobre o que é mais trabalhado para a preparação física em cada uma delas: força ou velocidade de reação. Essa análise é imprescindível para a elaboração do programa de treinamento.

Em resumo, os **cinco passos importantes para a elaboração de um plano de treinamento** para alunos com LM são:

1. **Compreender a necessidade do aluno** – Devem-se procurar saber as intenções do aluno, se ele quer realizar exercícios para melhorar os componentes da aptidão física ou praticar um esporte de alto rendimento.
2. **Conhecer as características do aluno** – Devem-se analisar aspectos como o tipo e o nível da LM e consultar os exames já realizados e a opinião de outros profissionais, como médicos, psicólogos, terapeuta ocupacional, nutricionista e fisioterapeutas, quando possível, além de avaliar a força e a amplitude de movimento e de sensibilidade.
3. **Elaborar o plano de treinamento** – Deve ser pensado apenas depois de entender o que o aluno deseja e quais são suas condições físicas e fisiológicas.

4. **Aplicar o plano de treinamento** – Deve-se observar o plano sendo executado e adequá-lo quando necessário.
5. **Reavaliar o aluno (e o plano de treinamento) periodicamente.**

A seguir, discutiremos os cuidados que merecem maior atenção ao elaborar-se um treinamento para o aluno com LM.

## 4.3.1 Disreflexia autonômica

A hiper-reflexia autonômica ou disreflexia autonômica (DA) é uma síndrome que ocorre em indivíduos com LM acima de T6, "como resultado de uma resposta reflexa paroxística simpática a um estímulo nociceptivo ou não abaixo do nível da lesão. A DA é considerada uma emergência médica, porque acarreta ameaça de vida caso não seja reconhecida e tratada de maneira adequada" (Pereira et al., 2016, p. 319).

Alguns aspectos devem ser considerados nessa síndrome:

*A disreflexia autonômica é uma crise hipertensiva, definida como aumento de 20 mmHg na pressão arterial sistólica e diastólica basal. Vale lembrar que a PA destes pacientes, em especial os tetraplégicos, tende a ser baixa (pela vasoplegia). Portanto, níveis pressóricos considerados normais para a população geral como 120 × 80 mmHg ou 130 × 90 mmHg podem ser elevadas para estes pacientes. A manifestação clínica mais comum é caracterizada por intenso desconforto geralmente associado à cefaleia, sudorese, piloereção, dilatação das pupilas e rubor facial.* (Brasil, 2015b, p. 27)

Na prática, o que pode desencadear a DA?

Vamos lembrar o seguinte: um aluno com LM completa em T5 apresenta paralisia flácida; ele não consegue realizar movimentos voluntários nem tem sensibilidade abaixo do nível da lesão. Portanto, se ele estiver com uma LPP ou com uma cistite (infecção urinária), por exemplo, ele não a sentirá. Ele também não perceberá se estiver com a bexiga cheia ou com roupas ou calçados apertados. Nesses exemplos, notamos não só condições de lesão (LPP) e infecção (cistite), mas também situações comuns no dia a dia de qualquer pessoa, as quais, no caso do aluno com LM acima de T6, pode desencadear a DA. Por que isso ocorre?

Há uma reação adrenérgica (simpática), cujo estímulo resulta em uma "vasoconstrição importante de todo leito vascular e consequente elevação da pressão arterial (PA). Os centros baroceptores (seios carotídeos), acima do nível da lesão, serão ativados, desencadeando resposta parassimpática visando vasodilatação e diminuição da frequência cardíaca" (Brasil, 2015b, p. 27-28). Esse processo compensaria os estímulos do sistema nervoso simpático (SNS). Porém, o estímulo não conseguirá atingir os vasos abaixo do nível da LM, com a ruptura da conexão entre essas vias.

*O principal leito vascular do corpo humano é o leito esplâncnico (das vísceras abdominais) e, por isso, a vasodilatação do leito vascular de lesões acima de T6 não será suficiente para compensar a vasoconstrição no território abaixo do nível da lesão, levando a hipertensão arterial e todos os sintomas relatados previamente.* (Brasil, 2015b, p. 28)

Ou seja, a DA ocorre por um estímulo excessivo do SNS, sem a devida contrapartida do sistema nervoso parassimpático (SNP). Nesse caso, "O tratamento é a resolução ou retirada do estímulo nociceptivo, sendo desnecessário, na maioria dos casos, o uso de anti-hipertensivos. Como medida imediata, sempre se recomenda o esvaziamento vesical com sonda de alívio e colocação do paciente na posição sentada" (Brasil, 2015b, p. 28). Sabendo desse risco, o professor deve ficar atento a qualquer alteração apresentada pelo aluno e, quando necessário, encaminhá-lo para o serviço médico especializado.

### 4.3.2 Lesões por pressão

As lesões por pressão (LPPs) podem aparecer em qualquer pessoa, principalmente quando se permanece na mesma posição por um período prolongado (essa situação varia de acordo com o indivíduo).

As pessoas com LM devem ter um cuidado ainda maior na prevenção de úlceras de pressão, uma vez que costumam ficar muito tempo na mesma posição. Portanto, conhecendo essa tendência, é importante que o professor reconheça os pontos de maior risco e, conforme a posição (Figura 4.12), promova a mudança de decúbito do aluno sempre que possível, evitando, dessa forma, o treinamento prolongado em apenas uma posição. Também é fundamental adequar os materiais, como assentos, encostos e pontos de apoio com as áreas de maior risco de contato (ou fricção).

Figura 4.12 Pontos de maior risco para a LPP

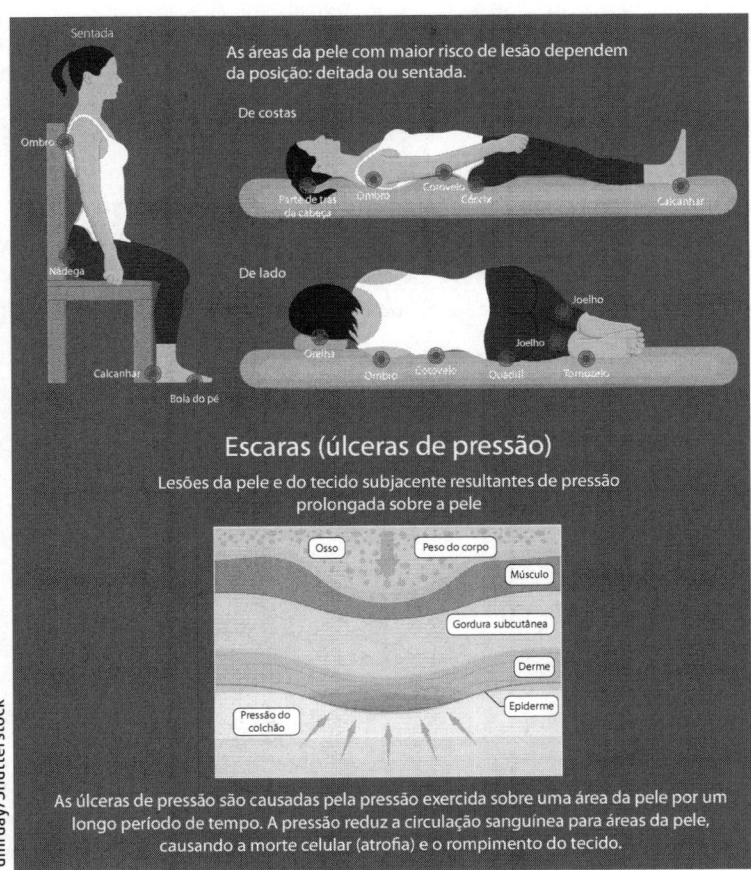

As áreas da pele com maior risco de lesão dependem da posição: deitada ou sentada.

Sentada: Ombro, Nádega, Calcanhar, Bola do pé

De costas: Parte de trás da cabeça, Ombro, Cotovelo, Céccix, Calcanhar

De lado: Orelha, Ombro, Cotovelo, Quadril, Joelho, Joelho, Tornozelo

Escaras (úlceras de pressão)

Lesões da pele e do tecido subjacente resultantes de pressão prolongada sobre a pele

Osso, Peso do corpo, Músculo, Gordura subcutânea, Derme, Epiderme, Pressão do colchão

As úlceras de pressão são causadas pela pressão exercida sobre uma área da pele por um longo período de tempo. A pressão reduz a circulação sanguínea para áreas da pele, causando a morte celular (atrofia) e o rompimento do tecido.

Cândido, Souza e Oliveira (2019) apontam que o nível de comprometimento funcional, além de impactar a realização das atividades da vida diária, predispõe a pessoa a um maior risco de desenvolver LPP. As autoras ainda chamam a atenção para o fato de que algumas condições, como bexiga e/ou intestino neurogênico, provocam "aumento da umidade em regiões perineais através das perdas involuntárias em fralda, que também favorecem o desenvolvimento de dermatites e lesões cutâneas" (Cândido; Souza; Oliveira, 2019, p. 2).

A avaliação da dependência funcional pode ser feita, por exemplo, utilizando-se a escala de medida de independência funcional (MIF). Riberto et al. (2004) realizaram a validação da versão brasileira da MIF. Essa escala possibilita

> avaliar de forma quantitativa a carga de cuidados demandada por uma pessoa para a realização de uma série de tarefas motoras e cognitivas de vida diária. Entre as atividades avaliadas estão os autocuidados, transferências, locomoção, controle esfincteriano, comunicação e cognição social, que inclui memória, interação social e resolução de problemas. Cada uma dessas atividades é avaliada e recebe uma pontuação que parte de 1 (dependência total) a 7 (independência completa), assim a pontuação total varia de 18 a 126. (Riberto et al., 2004, p. 73)

### 4.3.2.1 Exemplos de atividades

Considerando os cinco passos importantes para a elaboração de um plano de treinamento para alunos com LM, apresentaremos a seguir algumas sugestões de atividades.

- **Compreender a necessidade do aluno**

Inicialmente, devemos relembrar a diferença entre atividade física e exercício físico. Caspersen, Powell e Christenson (1985, citados por Maciel, 2010, p. 1026) definem *atividade física* como "qualquer movimento corporal produzido pela musculatura esquelética – portanto voluntário, que resulte num gasto energético acima dos níveis de repouso". Já *exercício físico* é conceituado como "toda atividade física planejada, estruturada e repetitiva que tem como objetivo a melhoria e a manutenção de um ou mais componentes da aptidão física" (Caspersen; Powell; Christenson, 1985, citados por Maciel, 2010, p. 1026).

Logo, o que vai determinar se uma prática é uma atividade física ou um exercício físico é como, quando, quantas vezes por semana e por quanto tempo ela será realizada.

Nesse caso, podemos pensar em possibilidades de atividades para a pessoa com LM usuária de cadeira de rodas:

- basquete em cadeira de rodas;
- canoagem;
- atletismo (pista e campo);
- remo;
- *handbike*;
- tênis de mesa;
- tênis de campo;
- bocha adaptada;
- rúgbi em cadeira de rodas.

Para todas essas modalidades, é necessário observar as adaptações requeridas (segurança, otimização da funcionalidade) e o tempo gasto na mesma posição (prevenção de LPP).

### Conhecer as características do aluno

É importante levar em conta os testes funcionais e a escala MIF. Esta considera a funcionalidade necessária para realizar atividades da vida diária, ao passo que aqueles avaliam cada segmento. Para isso, é fundamental que o professor conheça os movimentos possíveis em cada segmento corporal.

Podem-se avaliar, com o teste manual, os membros superiores e inferiores e o tronco, de acordo com o protocolo de Hislop e Montgomery (2008)[1], descrito anteriormente.

O teste de sensibilidade pode seguir o protocolo da American Spinal Injury Association (Asia), utilizando-se uma maca para a realização dos exames funcionais e um martelo de reflexo (Figura 4.13) para os exames de sensibilidade – o martelo apresenta uma agulha e um pincel, cada um em uma de suas extremidades.

Figura 4.13 Martelo de Buck

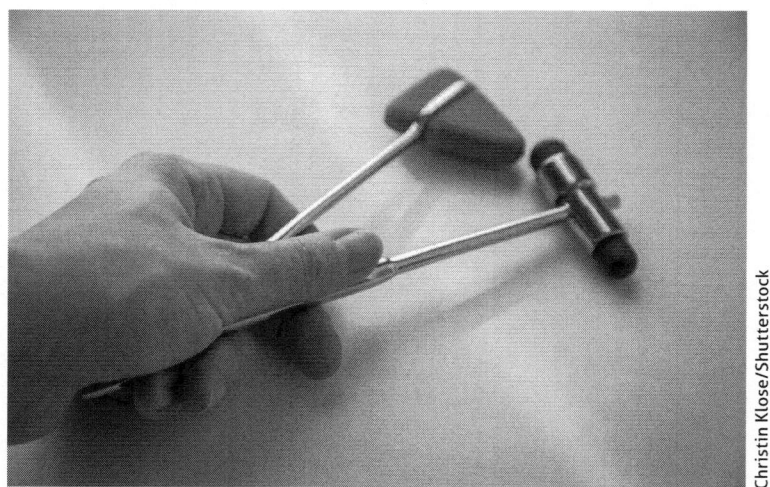

Christin Klose/Shutterstock

Conforme o protocolo Asia, a sensibilidade varia em uma escala de 0 a 2 (0 para nada, 1 para parcial e 2 para normal). É possível utilizar uma anotação como a do Quadro 4.4 e orientar-se pela Planilha de Padrões Internacionais para Classificação Neurológica de SCI – em inglês, International Standards for Neurological Classification of Spinal Cord Injury (ISNCSCI) –, apresentada na Figura 4.14.

---

[1] Para verificar os testes, consulte Hislop e Montgomery (2007, p. 25-26).

Quadro 4.4 Avaliação da sensibilidade

| Nível | Lado direito | | Lado esquerdo | |
|---|---|---|---|---|
| | "Picada" | "Toque leve" | "Picada" | "Toque leve" |
| | (Pode ser feita com a agulha do martelo de Buck ou com a tampa de uma caneta, por exemplo.)<br><br>Pontuação:<br>0 = não sente<br>1 = sente alteração<br>2 = sem alteração na sensibilidade | (Pode ser feito com o pincel do martelo de Buck.)<br><br>Pontuação:<br>0 = não sente<br>1 = sente alteração<br>2 = sem alteração na sensibilidade | (Pode ser feita com a agulha do martelo de Buck ou com a tampa de uma caneta, por exemplo.)<br><br>Pontuação:<br>0 = não sente<br>1 = sente alteração<br>2 = sem alteração na sensibilidade | (Pode ser feito com o pincel do martelo de Buck.)<br><br>Pontuação:<br>0 = não sente<br>1 = sente alteração<br>2 = sem alteração na sensibilidade |
| C2 | | | | |
| C3 | | | | |
| C4 | | | | |
| C5 | | | | |
| C6 | | | | |
| C7 | | | | |
| C8 | | | | |
| T1 | | | | |
| T2 | | | | |
| T3 | | | | |
| T4 | | | | |
| T5 | | | | |
| T6 | | | | |

*(continua)*

*(Quadro 4.4 – conclusão)*

| | Lado direito | Lado esquerdo |
|---|---|---|
| T7 | | |
| T8 | | |
| T9 | | |
| T10 | | |
| T11 | | |
| T12 | | |
| L1 | | |
| L2 | | |
| L3 | | |
| L4 | | |
| L5 | | |
| S1 | | |
| S2 | | |
| S3 | | |
| S4-5 | | |

Fonte: Elaborado com base em Asia, 2019b.

Existe ainda o *software* Impairment Scale Calculator[2], que é uma ferramenta que contribui para a avaliação e possibilita três formas de apresentação dos resultados:

1. Os dados podem ser exportados para uma planilha Excel.
2. Os dados podem ser apresentados com dermátomos coloridos.
3. Os dados podem ser apresentados em planilha para impressão.

---

[2] Disponível em: <http://isncscialgorithm.azurewebsites.net/Form>. Acesso em: 22 maio 2020.

Figura 4.14 Planilha de Padrões Internacionais para Classificação Neurológica de SCI (ISNCSCI)

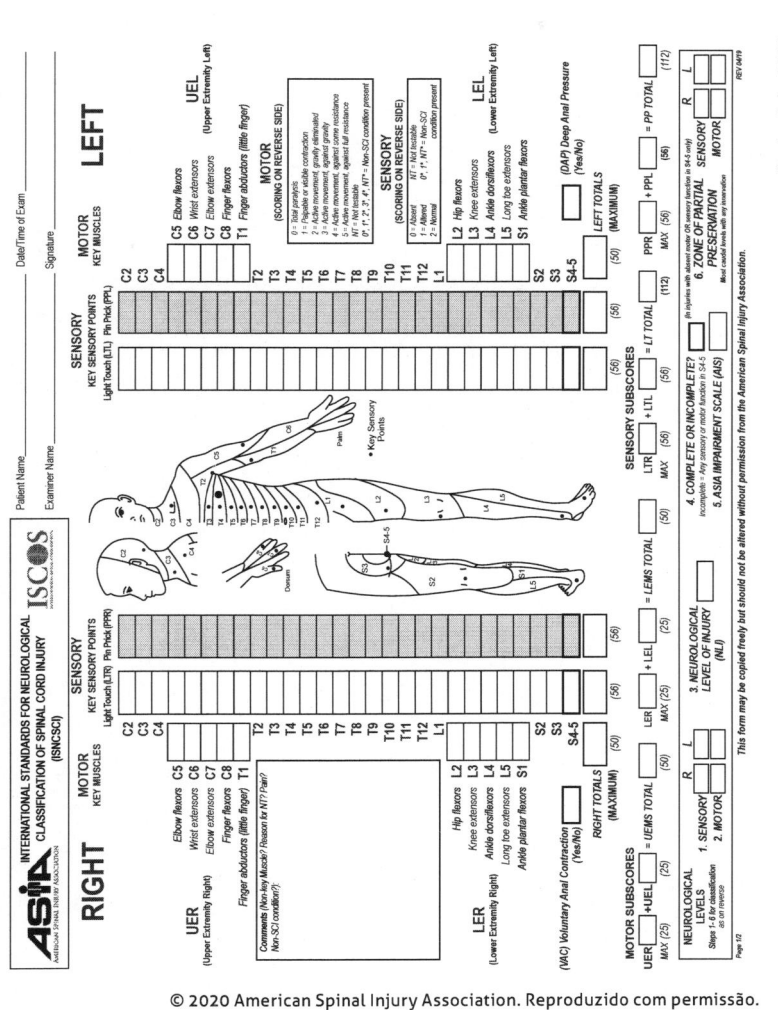

© 2020 American Spinal Injury Association. Reproduzido com permissão.

Fonte: Asia, 2019a.

Conforme comentado anteriormente, a FC máxima a ser utilizada durante os treinos dos alunos com LM deve ser calculada com base nos resultados do teste ergométrico aplicado por um médico. Flores et al. (2013) realizaram um estudo com o objetivo de avaliar a potência aeróbia em atletas com LM praticantes de rúgbi em cadeira de rodas. Buscaram, com esse resultado,

*correlacionar os níveis de $VO_{2máx}$ com a classificação funcional (CF) dos atletas e analisar o comportamento da FC antes e pós-teste. [...] Para o teste de estimativa da potência aeróbia, foram utilizadas cadeira de rodas esportivas específicas da modalidade, quadra de piso rígido não escorregadio, oito cones e dois cronômetros. O teste para estimativa da potência aeróbia foi realizado conforme protocolo proposto por Franklin et al. (1990)[3], no qual, é delimitado um retângulo, na quadra de piso rígido não escorregadio, com medidas de 25 x 15 metros. Neste retângulo, foram colocados cones em cada uma das extremidades e também a cada 2 metros de seus respectivos vértices, de maneira a se obter um perímetro de 75,32 metros. Para a realização do teste, os sujeitos deveriam percorrer a maior distância possível, em torno do retângulo delimitado na quadra [...], sentados nas cadeiras de rodas esportivas, no período de 12 minutos.* (Flores et al., 2003, p. 368, 370)

Os autores calcularam a distância individual percorrida (em metros) e posteriormente converteram o valor em "metros para milhas para a inserção dos valores de todos os usuários na equação proposta por Franklin et al. (1990) a seguir: $VO_{2máx}$ (ml/kg/min) = (Distância milhas – 0,37)/0,0337, cujo coeficiente de confiabilidade é de r=0,84 (p<0,001)" (Flores et al., 2003, p. 371). A Figura 4.15 mostra o modelo de circuito utilizado no estudo.

---

[3] FRANKLIN, B. A. et al. Field Test Estimation of Maximal Oxygen Consumption in Wheelchair Users. **Archives of Physical Medicine and Rehabilitation**, Reston, v. 71, n. 8, p. 574-578, 1990.

**Figura 4.15** Modelo de circuito utilizado no estudo de Flores et al. (2013) para a realização do teste de potência aeróbia

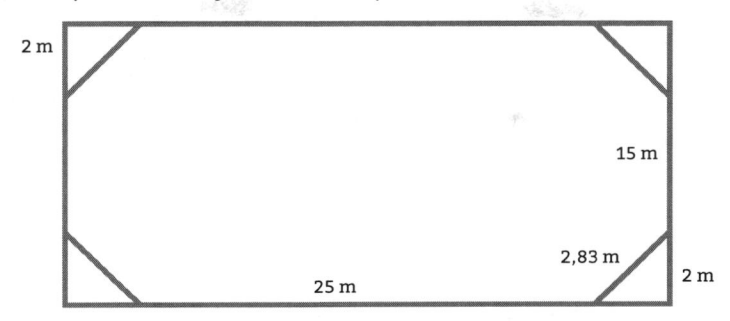

```
         2 m
    ┌────/──────────────────────\────┐
    │   /                        \   │
    │                                │  15 m
    │   \                        /   │
    │    \              2,83 m  /    │ 2 m
    └─────\────────────────────/─────┘
              25 m
```

Fonte: Flores et al., 2003, p. 371.

Esses são alguns exemplos de testes que podem ser aplicados em aulas com alunos com LM. Cabe ressaltar que, quanto mais detalhada for a avaliação inicial, melhor será a compreensão das necessidades do aluno.

- **Elaborar o plano de treinamento**

Depois de conhecer os objetivos do aluno e de realizar uma boa avaliação (de preferência, discutindo e complementando com testes realizados por outros profissionais), o professor pode elaborar um plano de treinamento contemplando os seguintes aspectos:

- Qual(is) é(são) a(s) atividade(s) mais indicada(s).
- Quais são os protocolos de avaliação mais indicados.
- Quantas vezes a(s) atividade(s) deve(m) ser realizada(s) por semana.
- Qual é a disponibilidade do aluno.
- Quais são as adaptações necessárias.

- **Aplicar o plano de treinamento**

Após a elaboração do plano de treinamento com base em informações obtidas na conversa com o aluno e com outros profissionais (quando possível), além dos resultados dos testes realizados, aplica-se o programa de treinamento.

- **Reavaliar o aluno (e o plano de treinamento) periodicamente**

O último passo compreende o acompanhamento do aluno com observações constantes e avaliações periódicas. Assim, o professor poderá aferir os resultados e fazer adequações conforme a necessidade.

Lembramos que o programa de treinamento para a pessoa com comprometimento físico, neste caso, com LM, deve seguir as mesmas bases aplicadas para qualquer pessoa, sendo preciso apenas respeitar as adequações sugeridas nos tópicos anteriores.

Com relação às posições para a realização de exercícios, quando possível, o professor deve dar orientações para a prática de exercícios fora da cadeira (no caso de usuários de cadeira de rodas) em diferentes posições. Nesses casos, a segurança é sempre prioridade. Por isso, o docente deve ficar atento à forma como pode auxiliar nas atividades e nas transferências, quando for necessário. Vejamos, na Figura 4.16, o local em que o equipamento permite o encaixe da cadeira de rodas.

Figura 4.16 Equipamento de musculação adaptado para o usuário de cadeira de rodas

Quando isso não for possível, o professor precisará adequar a prática da melhor forma para o aluno fazer a transferência, bem como adaptar o assento para que não aumente o risco de LPP.

## 4.4 Paralisia cerebral, traumatismo cranioencefálico e acidente vascular encefálico

Alguns comprometimentos podem levar o indivíduo a apresentar ataxia[4], atetose[5] e/ou espasticidade[6], entre os quais se destacam a paralisia cerebral, o acidente vascular encefálico e o traumatismo cranioencefálico.

A seguir, vamos abordar cada um desses comprometimentos para depois retomarmos o aspecto funcional, que é o que consideraremos para a elaboração das atividades das aulas de educação física adaptada (EFA).

### 4.4.1 Paralisia cerebral

A paralisia cerebral (PC) é uma encefalopatia crônica não progressiva que pode acontecer antes, durante ou depois do nascimento. Ela resulta na alteração do controle motor e da coordenação (Tortora; Derrickson, 2014). O aluno com PC pode apresentar ataxia, atetose e/ou espasticidade em diferentes níveis de comprometimento.

---

[4] Decorrente de lesão no cerebelo, compromete a coordenação e o equilíbrio.
[5] Decorrente de lesão nos gânglios da base, compromete os movimentos involuntários.
[6] Decorrente de lesão no córtex motor ou no trato corticoespinhal, causa aumento do tônus e contração involuntária.

Segundo as *Diretrizes de atenção à pessoa com paralisia cerebral*,

> A paralisia cerebral descreve um grupo de desordens permanentes do desenvolvimento do movimento e postura atribuído a um distúrbio não progressivo que ocorre durante o desenvolvimento do cérebro fetal ou infantil, podendo contribuir para limitações no perfil de funcionalidade da pessoa. A desordem motora na paralisia cerebral pode ser acompanhada por distúrbios sensoriais, perceptivos, cognitivos, de comunicação e comportamental, por epilepsia e por problemas musculoesqueléticos secundários [...]. Estes distúrbios nem sempre estão presentes, assim como não há correlação direta entre o repertório neuromotor e o repertório cognitivo, podendo ser minimizados com a utilização de tecnologia assistiva adequada à pessoa com paralisia cerebral. (Brasil, 2014, p. 8)

Existem alguns protocolos para a avaliação da funcionalidade da criança e do jovem com PC. O Gross Motor Function Classification System (GMFCS) é um deles, usado para mensurar a possibilidade funcional do indivíduo com relação à locomoção. São recomendadas avaliações a partir dos 2 anos de idade, com averiguações e/ou alterações dos resultados com intervalo de dois anos, até ser atingido um patamar situado entre os 6 e os 18 anos do indivíduo (Sposito; Riberto, 2010).

As habilidades manuais da pessoa com PC podem ser avaliadas pela Escala Macs (Manual Ability Classification System), com 5 níveis – do 1, que aponta um indivíduo com mais habilidade manual, até o 5, que indica um indivíduo com menos habilidade para a utilização das mãos na realização das tarefas (Gunel et al., 2009).

Para avaliar o grau de espasticidade, pode-se utilizar a Escala Modificada de Ashworth (EMA) ou a Escala Asas (Australian Spasticity Assessment Scale), indicada para atletas de algumas modalidades paralímpicas, entre eles os de bocha paralímpica.

Essa escala (Quadro 4.5) é empregada para avaliar a espasticidade e foi adaptada para os atletas na posição sentada, na própria cadeira de rodas.

Quadro 4.5 Escala Asas

| | Escala Asas |
|---|---|
| 0 | Nenhuma resistência no movimento passivo rápido, isto é, sem espasticidade. |
| 1 | A resistência ocorre no final do movimento passivo rápido. Não há resistência no restante da ADM. |
| 2 | A resistência ocorre na segunda metade da ADM (depois da metade ponto). |
| 3 | A resistência ocorre na primeira metade da amplitude de movimento (ADM). |
| 4 | Ao tentar o movimento passivo rápido, a articulação parece fixa, apenas com movimento passivo lento. |

Fonte: Elaborado com base em Bisfed, 2018.

Também é possível avaliar a atetose/distonia, conforme a escala apresentada no Quadro 4.6.

Quadro 4.6 Escala de atetose/distonia

| | Escala de atetose/distonia |
|---|---|
| 0 | A atetose/distonia está ausente. |
| 1 | A atetose/distonia está ocasionalmente presente em <10% da ADM. |
| 2 | A atetose/distonia está frequentemente presente em >= 10% <50% da ADM. |
| 3 | A atetose/distonia está mais presente entre >= 50% <90% da ADM. |
| 4 | A atetose/distonia está sempre presente em >= 90% da ADM. |

Fonte: Elaborado com base em Bisfed, 2018.

A ataxia pode ser avaliada com alguns testes, como mostram as Figuras 4.17, 4.18 e 4.19.

Figura 4.17 Teste index-nariz

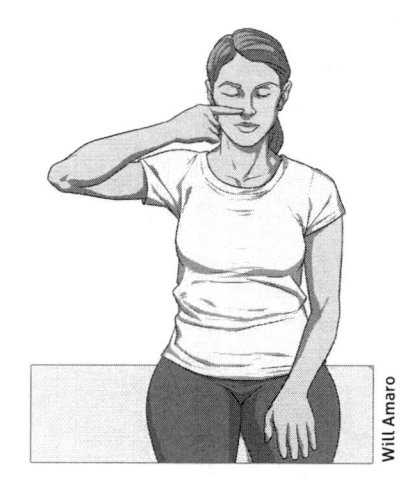

Figura 4.18 Teste index-index

Outro teste, chamado de *diadococinesia*, avalia os movimentos alternados de pronação e supinação (Figura 4.19). Quando o indivíduo não consegue realizar os movimentos alternados, é sinal de que ele tem uma disdiadococinesia, ou seja, um déficit de coordenação em membros superiores.

Figura 4.19 Teste de diadococinesia

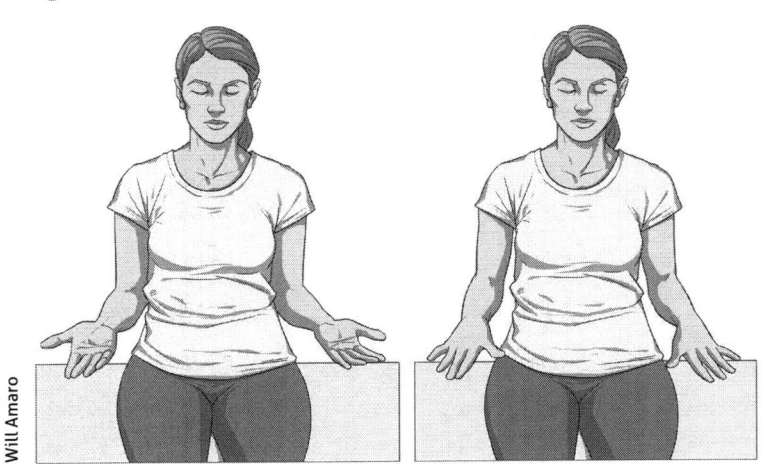

Todos os testes são simples e podem ser realizados pelo professor de educação física e/ou pelos outros profissionais da equipe interdisciplinar. Mesmo que eles não sejam realizados, é importante que o docente os conheça, a fim de que esteja mais bem preparado para a elaboração das atividades, com uma maior clareza das condições funcionais do aluno.

A pessoa com PC pode apresentar desde um comprometimento leve, com grau de espasticidade 1 ou 2, por exemplo, em apenas um dos membros até um comprometimento severo nos 4 membros (Ande, 2009).

Considerando-se que o aluno com paralisia pode ter comprometimentos que variam de uma tetraplegia a uma monoparesia leve, deve-se fazer uma avaliação detalhada para adequar a aula da melhora forma possível.

> **Exemplo prático**
>
> Um aluno com tetraplegia espástica (comprometimento nos quatro membros e tônus muscular aumentado) precisará de auxílio para realizar os movimentos, bem como adaptação nos materiais. Um exemplo é o futsal, que pode ser jogado com uma cadeira motorizada e de preferência com uma bola mais leve e maior.
>
> Já um aluno com PC que apresente uma monoparesia leve precisará de poucas adequações (ou nenhuma, dependendo do caso), pois conseguirá realizar todas as tarefas. No entanto, ele poderá ter dificuldade com relação a movimentos finos com o membro comprometido.

### 4.4.2 Traumatismo cranioencefálico

O traumatismo cranioencefálico (TCE) pode ser caracterizado como um trauma de origem externa que provoca alterações na função do encéfalo. Pode ser classificado como leve, moderado ou grave, com comprometimentos temporários ou permanentes (Vale e Silva et al., 2018). De acordo com Ruy e Rosa (2011, p. 18),

> No Brasil, [o TCE] é a principal causa de morte em crianças acima de cinco anos de idade e responsável por mais de 50% dos óbitos na adolescência.
>
> O traumatismo cranioencefálico (TCE) está presente na maioria das crianças vítimas de trauma e é responsável por mais de 75% das mortes na infância.
>
> Embora a causa principal do TCE varie entre diferentes localidades, os acidentes de trânsito, as quedas e as agressões estão entre suas causas mais frequentes.
>
> A lesão encefálica definitiva que se estabelece após o TCE é o resultado de mecanismos fisiopatológicos que se iniciam com o acidente e se estendem por dias a semanas. Assim, do ponto de vista didático, as lesões cerebrais são classificadas em primárias e secundárias. As lesões primárias são

aquelas que ocorrem no momento do trauma enquanto que as lesões secundárias decorrem de agressões que se iniciam após o momento do acidente, resultantes da interação de fatores intra e extracerebrais.

Ainda, conforme o estudo de Vale e Silva et al. (2018), a causa mais comum do TCE é o trauma com moto (68,18%), seguido de trauma com automóveis (12,50%) e, depois, atropelamento (9,09%). "Quedas, agressão por arma de fogo e por outros meios ocorreram em menor quantidade, cerca de 3,41% cada" (Vale e Silva et al., 2018, p. 30).

O aluno com sequela de TCE também pode apresentar ataxia, atetose ou espasticidade, que foram comentados anteriormente. Podem ser realizados testes para averiguar o nível de comprometimento funcional em virtude do aumento do tônus, dos movimentos involuntários ou da alteração na coordenação.

## 4.4.3 Acidente vascular encefálico

O acidente vascular encefálico (AVE) tem como fatores de risco condições modificáveis e não modificáveis. O estilo de vida, passando de maus para bons hábitos, é modificável – maus hábitos como sedentarismo e alimentação rica em produtos industrializados aumentam o risco de hipertensão arterial sistêmica e diabetes melito (DM). Idade (quanto maior a idade, maior o risco) e gênero (maior risco para homens), por exemplo, não são modificáveis.

O AVE pode provocar sequelas funcionais, sensitivas e cognitivas, conforme a área do SNC comprometida. Existem diferentes tipos de AVE, como o isquêmico e o hemorrágico, ilustrados na Figura 4.20. A sequelas podem provocar limitações em diferentes níveis. A American Heart Association recomenda a prática de atividade física para a prevenção e/ou a redução no número de casos de AVE (Thom et al., 2006). Dessa forma, a atividade física e o exercício físico aparecem como importantes ferramentas tanto para a prevenção quanto para o tratamento das sequelas de AVE.

Figura 4.20 AVE isquêmico e hemorrágico

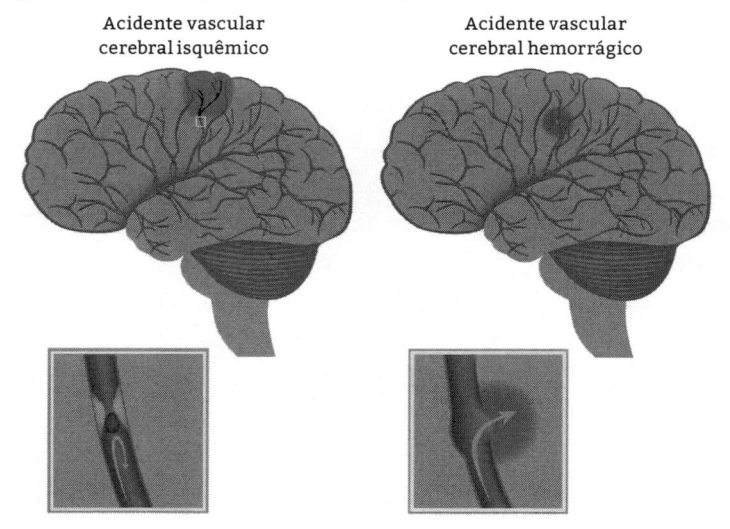

Acidente vascular cerebral isquêmico

Acidente vascular cerebral hemorrágico

Alila Medical Media/Shutterstock

O aluno com sequela de AVE também apresenta diferentes níveis de comprometimento no equilíbrio.

### 4.4.4 Adaptação de programas de treinamento, de *personal trainer*, de recreação e de aulas de educação física para alunos com PC, TCE e AVE

Pessoas que sofreram PC, TCE ou AVE podem apresentar diferentes níveis de comprometimento funcional e sensorial.

Conforme já comentamos, o professor deve sempre seguir os cinco passos importantes para a elaboração de um plano de treinamento:

1. **Compreender a necessidade do aluno** – Deve-se procurar saber as intenções do aluno, se ele quer realizar exercícios para melhorar os componentes da aptidão física ou praticar um esporte de alto rendimento. Os alunos com PC, TCE

e AVE, muitas vezes, não realizam todas as atividades que poderiam por falta de avaliação por parte do professor.

2. **Conhecer as características do aluno** – Devem-se realizar os testes indicados anteriormente (ataxia, espasticidade, atetose, força muscular e sensibilidade) e consultar os exames já realizados e a opinião de outros profissionais, como médicos, psicólogos, terapeuta ocupacional, nutricionista e fisioterapeutas, quando possível, além de avaliar a força e a amplitude de movimento e de sensibilidade.

3. **Elaborar o plano de treinamento** – Deve ser pensado apenas depois de entender o que o aluno deseja e quais são suas condições físicas e fisiológicas; a persistência e a repetitividade com os exercícios adequados podem trazer muitos benefícios para o aluno.

4. **Aplicar o plano de treinamento** – Deve-se observar o plano sendo executado e adequá-lo quando necessário, considerando-se que os alunos com PC, TCE e AVE costumam apresentar comprometimento com relação ao equilíbrio. Por isso, deve-se atentar para a segurança, acompanhando de perto todos os movimentos e corrigindo as compensações.

5. **Reavaliar o aluno (e o plano de treinamento) periodicamente.**

Entre as modalidades adequadas a pessoas com esses comprometimentos, destacamos o cicloergômetro, que, além de melhorar a aptidão cardiorrespiratória, favorece o treinamento bilateral de membros inferiores, de forma cíclica. São preferíveis os modelos com cadeira, para maior segurança dos indivíduos. Se o aluno não conseguir manter o pé no pedal nas primeiras aulas, o professor poderá utilizar faixas com velcro para ajudá-lo a estabilizar-se.

O tênis de mesa pode ser estimulado para o treino de equilíbrio e de velocidade de reação (não limitado a esses benefícios). Caso o aluno não consiga permanecer na posição em pé, pode iniciar a partida em uma cadeira de rodas. Depois, poderá levantar-se com algum tipo de auxílio, até que consiga permanecer em pé para jogar.

A natação também promove a melhora da aptidão cardiorrespiratória, da resistência muscular localizada e do equilíbrio de forma segura, pois o ambiente aquático propicia uma maior segurança na realização dos movimentos.

Praticar canoagem promove um estímulo multidirecional, melhorando o equilíbrio e o controle de tronco. Além disso, o movimento cíclico também é favorável para a funcionalidade da pessoa com PC, com TCE e com sequela de AVE.

A Figura 4.21 mostra uma criança com PC desfrutando de bons momentos em um balanço adaptado. O balanço apresenta mais conforto e segurança, permitindo que indivíduos com comprometimentos funcionais o utilizem.

Figura 4.21 Criança com PC em balanço adaptado

Jaren Jai Wicklund/Shutterstock

Os jogos de tabuleiro (Figura 4.22) também podem ser adaptados para que pessoas com PC, TCE ou AVE participem. Considerando-se que esses indivíduos apresentam diferentes níveis de alteração na coordenação, movimentos finos e delicados podem ser muito complexos. Por isso, se o material tiver peças maiores, feitas com material que não escorregue, será mais fácil a utilização nos casos em que a apreensão e o controle da motricidade fina estão mais comprometidos.

Figura 4.22 Jogo de tabuleiro adaptado

Jaren Jai Wicklund/Shutterstock

Por fim, bocha adaptada é uma modalidade paralímpica praticada por pessoas com deficiência física com comprometimento dos quatro membros (Arroxellas et al., 2017). Podem participar das partidas pessoas com PC ou com comprometimento funcional nos quatro membros (tetraplegia ou tetraparesia). Além de sua importância como modalidade paralímpica, a bocha pode contribuir para a melhoria do esquema corporal, da lateralidade e da estruturação espacial, segundo Wallon (citado por Mattos; Neira, 2004).

Com o jogo de bocha, também é possível trabalhar a simetria corporal, ou seja, utilizar os exercícios para os dois lados do corpo, tanto para os pés quanto para as mãos. Além disso, a bocha é um dos esportes mais inclusivos, que, como recreação ou como esporte educacional, permite a participação de pessoas com diferentes tipos e níveis de comprometimento: físico, intelectual e sensorial (visual e auditivo). Também possibilita que pessoas de diferentes faixas etárias se envolvam em suas partidas durante as aulas de educação física ou até mesmo como opção de atividade para a ginástica laboral.

O jogo exercita a concentração, a noção espaçotemporal, a lateralidade e o raciocínio lógico, pois é um jogo de estratégia e tática. A Figura 4.23 ilustra a organização de uma partida de bocha paralímpica em quadra. Os atletas que não conseguem fazer a apreensão da bola utilizam uma calha (Figura 4.24).

Figura 4.23 Partida de bocha paralímpica em quadra

Figura 4.24 Atleta de bocha utilizando calha para lançar a bola

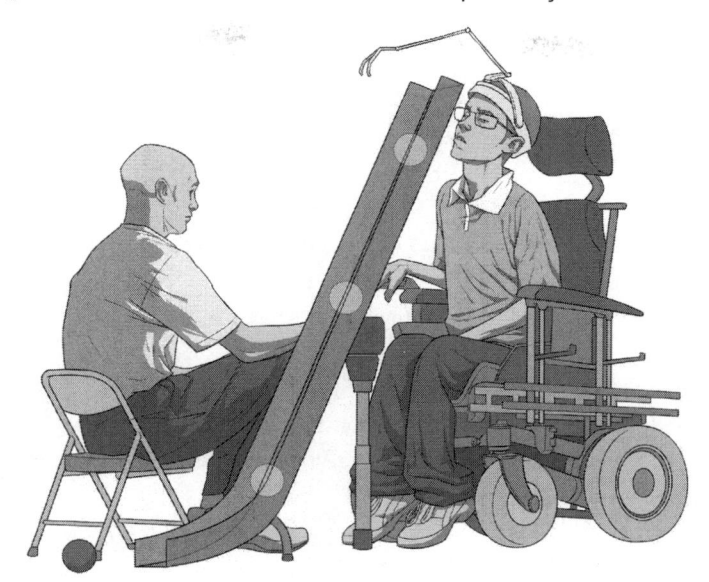

Essa adaptação pode ser muito interessante em outras atividades para que o aluno tetraplégico/tetraparético tenha mais oportunidades de participação.

Dessa forma, conhecendo as possibilidades funcionais de cada aluno, o professor pode desenvolver atividades para todos os níveis funcionais. Para isso, é possível dividir uma atividade em várias etapas (desde a mais simples, com menos movimentos), sabendo-se exatamente o que é necessário do ponto de vista funcional em cada uma delas e considerando-se as possibilidades dos alunos, de modo a adequar a modalidade às suas diferentes condições (com ou sem adaptação).

### ▎ *Para saber mais*

ANDE – Associação Nacional de Desporto para Deficientes. **Modalidade**: race running. Disponível em: <http://ande.org.br/modalidades-petra/>. Acesso em: 16 out. 2020.

RACERUNNING. Disponível em: <http://www.racerunning.org/FrontPage/?id=15>. Acesso em: 16 out. 2020.

Você já ouviu falar de *race running*? No Brasil, ele é conhecido como *Petra*. Trata-se de uma modalidade para pessoas com comprometimento físico, especialmente as com PC, praticada com um triciclo sem pedais. É uma opção de atividade para pessoas com comprometimento físico mas que têm algum movimento em membros inferiores. Pode ser uma importante ferramenta para o treinamento da aptidão cardiorrespiratória, tanto para alunos com PC e TCE quanto para aqueles com sequela de AVE.

### ▎ *Síntese*

Neste capítulo, apresentamos alguns tipos de comprometimentos e como é possível realizar adaptações para que as aulas sejam realmente inclusivas. É importante que o professor conheça ao máximo as possibilidades funcionais do aluno para que possa oferecer atividades adequadas – desafiadoras, porém seguras (e viáveis).

Nesse sentido, a interdisciplinaridade é muito importante. Por isso, o docente deve conversar com os demais profissionais envolvidos sempre que possível e discutir cada caso, avaliando tanto as possibilidades quanto as restrições observadas.

Analisamos o conceito de lesão medular (LM) e vimos que ela pode ter várias causas, desde congênitas e degenerativas até traumáticas, tumorais e infecciosas, passando por doenças neurológicas, sistêmicas e vasculares. Mostramos que o indivíduo com LM pode apresentar comprometimentos com relação à força muscular, à amplitude de movimento e à sensibilidade, que variam conforme o nível de lesão.

Também fizemos uma breve revisão do sistema nervoso e dos níveis motores e de sensibilidade da medula espinhal. Apresentamos sugestões de adaptações para práticas de recreação e de aulas de educação física para alunos com LM, além de indicar como se deve analisar a funcionalidade do aluno para melhor elaborar as atividades.

Discutimos aspectos importantes a serem observados em programas de treinamento e de *personal trainer* para a pessoa com LM. Identificamos quais são os componentes da aptidão física e as peculiaridades que devem ser contemplados quando há um aluno com LM. Com relação aos cuidados e aos pontos que merecem maior atenção quando se elabora um treinamento para o aluno com LM, destacamos a disreflexia autonômica (DA) e a lesão por pressão (LPP).

Mais adiante, analisamos as características da paralisia cerebral (PC), do traumatismo cranioencefálico (TCE) e do acidente vascular encefálico (AVE), mostrando a diferença entre cada um e relacionando-os ao aspecto funcional, que é o que deve ser considerado para a elaboração das atividades na aula de educação física. Assim, vimos escalas de avaliação da espasticidade, da atetose e da ataxia, bem como os diferentes níveis de comprometimento da pessoa com PC.

Por fim, apresentamos diferentes atividades e possibilidades de adaptação para programas de treinamento, de *personal trainer*, de recreação e de aulas de educação física para alunos com PC, TCE e AVE.

## Indicação cultural

*Filme*

FELIZ ano velho. Direção: Roberto Gervitz. Brasil: Embrafilme, 1987. 107 min.

Baseado no livro de Marcelo Rubens Paiva, a história retrata a vida de um jovem que fica tetraplégico quando, durante um mergulho, ao bater a cabeça no fundo de um lago, sofre uma lesão medular. O filme mostra as mudanças que ocorrem no dia a dia do jovem a partir desse acidente, com muitos momentos de reflexão.

## Atividades de autoavaliação

1. A medula espinhal é uma via de conexão entre os estímulos que partem do cérebro para qualquer parte do corpo ou de qualquer parte do corpo para o cérebro. Uma vez que aconteçam falhas nessa via de comunicação, poderá haver perdas/alterações motoras e/ou de sensibilidade. Dessa forma, a lesão medular pode ter como consequência:

    a) um quadro de tetraplegia (completa) ou de tetraparesia (incompleta), quando ocorre acima de T1, e de paraplegia (completa) ou de paraparesia (incompleta), quando ocorre abaixo do nível medular T1.

    b) um quadro de monoplegia (completa) ou de monoparesia (incompleta), quando ocorre acima de C7, e de tetraplegia (completa) ou de tetraparesia (incompleta), quando ocorre abaixo do nível medular C7.

    c) um quadro de tetraparestesia, quando ocorre acima de T1, e de tetraplegia, quando ocorre abaixo do nível medular T1.

d) um quadro de paraplegia (completa) ou de paraparesia (incompleta), quando ocorre acima de T1, e de tetraplegia (completa) ou de tetraparesia (incompleta), quando ocorre abaixo do nível medular C7.

e) um quadro de paraplegia, que sempre estará presente nos casos de traumatismo cranioencefálico.

2. Ao elaborar uma atividade, é importante que o professor faça a análise das possibilidades funcionais dos alunos, observando o controle de tronco e os movimentos de membros superiores e inferiores. Além disso, deve verificar se em cada um desses segmentos a alteração funcional é parcial ou completa. Dessa forma:

a) é possível elaborar adaptações para que todos os alunos participem das atividades.

b) é impossível elaborar adaptações para que todos os alunos participem das atividades.

c) é desnecessário elaborar adaptações para que todos os alunos participem das atividades.

d) não é importante elaborar adaptações para que todos os alunos participem das atividades.

e) a adaptação dos materiais é importante, porém as escolas não têm recursos para isso.

3. É um dos esportes mais inclusivos, permitindo a participação de pessoas com tetraplegia, que podem utilizar uma calha para lançar a bola. Trata-se de:

a) futebol.
b) corrida.
c) bocha paralímpica.
d) ginástica artística.
e) canoagem.

4. É uma encefalopatia não progressiva que pode acontecer antes, durante ou após o nascimento. Trata-se de:
   a) baixa estatura.
   b) deficiência de membros.
   c) paralisia cerebral.
   d) amputação.
   e) lesão medular.

5. A _____ é uma síndrome que ocorre em indivíduos com lesão medular acima de T6, "como resultado de uma resposta reflexa paroxística simpática a um estímulo nociceptivo ou não abaixo do nível da lesão. [...] é considerada uma emergência médica, porque acarreta ameaça de vida caso não seja reconhecida e tratada de maneira adequada" (Pereira et al., 2016, p. 319). Assinale a alternativa que completa corretamente a sentença:
   a) hiper-reflexia autonômica ou disreflexia autonômica.
   b) espinha bífida.
   c) paralisia cerebral.
   d) deficiência de membros.
   e) espasticidade.

## Atividades de aprendizagem

*Questões para reflexão*

1. Pesquise, no *site* do Comitê Paralímpico Brasileiro, em quais modalidades existe a participação de atletas com lesão medular e de atletas com paralisia cerebral.

CPB – Comitê Paralímpico Brasileiro. Disponível em: <https://www.cpb.org.br/>. Acesso em: 16 out. 2020.

2. Das modalidades que você encontrou na pesquisa da atividade anterior, quais podem ser aplicadas no dia a dia da educação física na escola ou como treinamento de um indivíduo com lesão medular?

3. Da modalidades que você encontrou na mesma pesquisa, quais podem ser aplicadas no dia a dia da educação física na escola ou como treinamento de um indivíduo com paralisia cerebral?

*Atividade aplicada: prática*

1. Faça uma visita à academia mais próxima de sua casa e observe todos os aparelhos e materiais utilizados. Relate quais são as possibilidades de participação de uma pessoa com deficiência física para a realização de todas as atividades oferecidas pela academia. Lembre-se de todos os níveis de comprometimento funcional que foram mencionados neste capítulo. Escreva o que você faria para melhorar as condições de participação das pessoas com deficiência nesse ambiente.

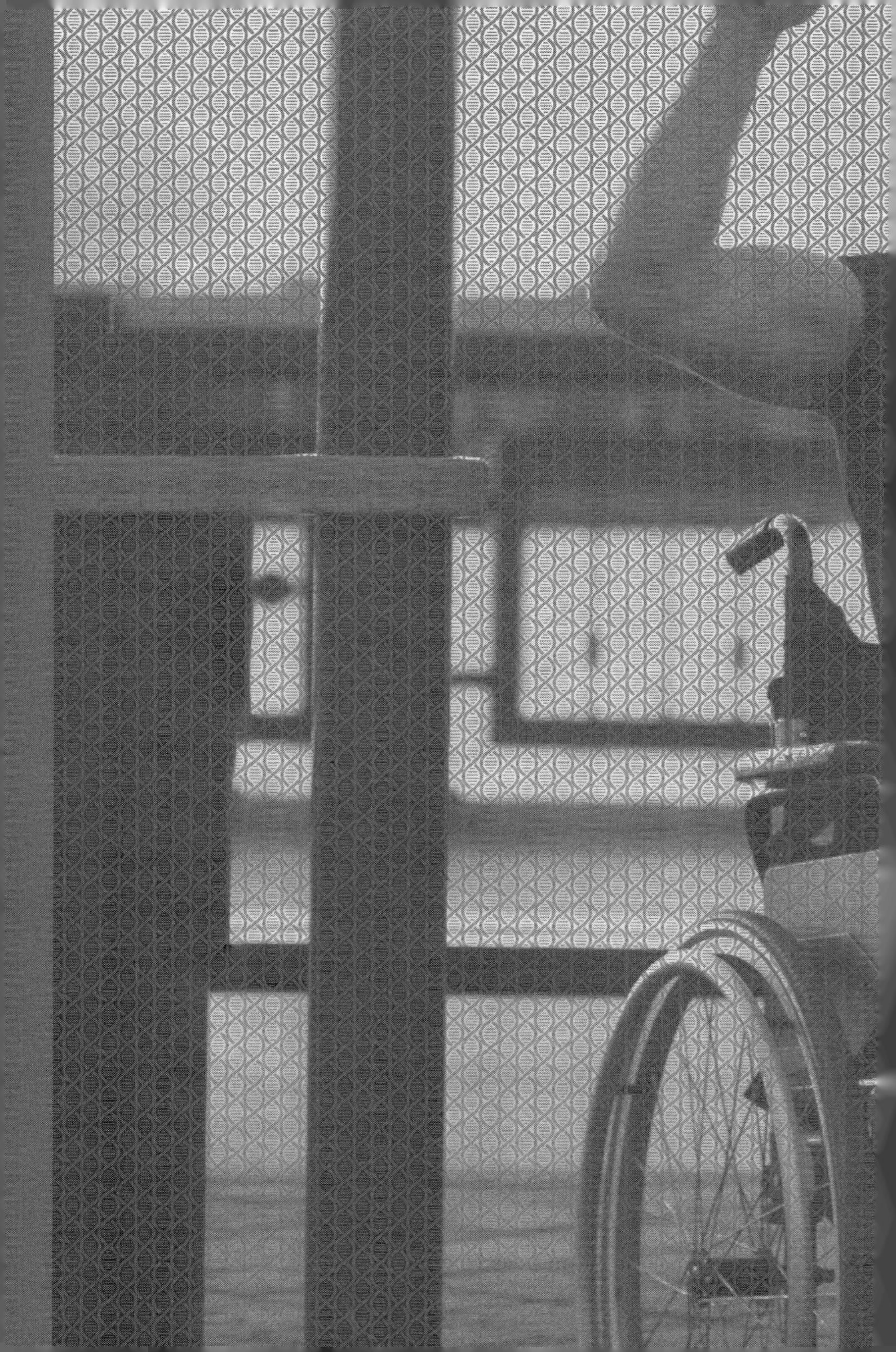

# Capítulo 5

## Deficiência física e atividade física adaptada

Maria de Fátima Fernandes Vara

**É sempre** bom lembrar que, antes de iniciar uma atividade física, é necessário conhecer quais são as condições funcionais e de saúde do aluno, qual é a etiologia (causa) do comprometimento, se ele é estável e se existem restrições com relação a algum movimento ou recomendações específicas.

Como sempre, a sugestão é que, para cada atividade a ser elaborada, o professor reflita: "**Como**..., **se**...?".

- **Como** eu poderei adaptar a atividade para que meu aluno participe dela, **se** ele não tiver controle de tronco nem de membros (superiores e inferiores)?
- **Como** eu poderei adaptar a atividade para que meu aluno aproveite cada etapa, **se** ele não tiver os quatro membros?
- **Como** eu poderei adaptar a atividade para que meu aluno tenha a mesma oportunidade de qualquer outro, **se** ele tiver comprometimento físico e sensorial?

É preciso esquecer pensamentos como "Isso não é possível!" e tentar adaptar a atividade; se a adaptação não ficar boa, deve-se tentar novamente. Ouvir os alunos com e sem deficiência e outros profissionais ou aproveitar bons exemplos ajuda bastante. Não existe uma fórmula para esse grande desafio.

## 5.1 Adaptação de programas de treinamento, de *personal trainer*, de recreação e de aulas de educação física para alunos com amputação de membros superiores

Pode-se definir *deficiência de membros* como "Ausência total ou parcial de ossos ou articulações como consequência de trauma (por exemplo, amputação traumática), doença (por exemplo, amputação em virtude de um câncer ósseo) ou má-formação congênita de membros (por exemplo, dismelia)" (IPC, 2015, p. 5, tradução nossa). Essa ausência também pode acontecer em virtude de problemas vasculares (mais comum em pessoas mais velhas) e de uma infecção.

São várias as classificações e muitas as possibilidades funcionais associadas à deficiência de membros. Porém, o mais importante é observar do que o aluno é capaz. Pode haver indivíduos com potencial funcional semelhante, mas com experiências motoras distintas.

Nesse caso, vale lembrar os **cinco passos importantes para a elaboração de um plano de treinamento**:

1. **Compreender a necessidade do aluno** – Deve-se procurar saber as intenções do aluno, se ele quer realizar exercícios para melhorar os componentes da aptidão física ou praticar um esporte de alto rendimento. Os alunos com amputação também devem exercitar o coto (a não ser que exista alguma restrição médica).
2. **Conhecer as características do aluno** – Devem-se realizar os testes de força muscular e sensibilidade e consultar os exames já realizados e a opinião de outros profissionais, como médicos, psicólogos, terapeuta ocupacional, nutricionista e fisioterapeutas, quando possível. Vale ressaltar que os cotos, quanto mais curtos, mais tendem a apresentar compensações.
3. **Elaborar o plano de treinamento** – Deve ser pensado apenas depois de entender o que o aluno deseja e quais são suas condições físicas e fisiológicas.
4. **Aplicar o plano de treinamento** – Deve-se observar o plano sendo executado e adequá-lo quando necessário, considerando-se que os alunos com amputação de membros superiores podem, também, apresentar alterações posturais em virtude de compensações.
5. **Reavaliar o aluno (e o plano de treinamento) periodicamente.**

Sobre o coto, é importante frisar que, se não houver restrições funcionais (anquilose ou artrodese, por exemplo) ou médicas (infecção, por exemplo), ele pode e deve ser exercitado/movimentado. Em caso de dúvida, antes de propor a atividade, o professor deve observar e questionar o aluno e seus responsáveis. Isso também vale para a função dos segmentos corporais, tanto nos casos de má-formação quanto nos de amputação – para poder avaliar, é necessário revisar os movimentos de todos os segmentos, as formas de preensão, os músculos agonistas, antagonistas e sinergistas e observar as compensações para evitar agravos.

Mas observar o quê? Até estar seguro, o professor deve analisar por segmentos, reunindo as observações e avaliando o todo.

Sugerimos iniciar pelo **tronco**:

- O aluno tem bom equilíbrio e função de tronco?
- O aluno realiza todos os movimentos (flexão, extensão, rotação para a direita e para a esquerda, flexão lateral para os dois lados)?
- O aluno tem boa base (incluindo controle da pelve)?
- O aluno é capaz de permanecer sentado sem apoiar em um encosto? É necessário adequar algum tipo de material, apoio ou suporte extra?

É importante analisar se nem todos conseguem ou se apenas alguns conseguem realizar os movimentos.

Cabe esclarecer que não é possível afirmar que todas as pessoas que têm condições semelhantes farão o mesmo movimento e de forma igual. Também não se pode afirmar quantos o farão nem como o farão. Então, o professor deve estudar ao máximo cada situação, aumentar o grau de dificuldade gradativamente e estimular e desafiar o aluno (sempre com responsabilidade e dentro dos limites de segurança).

Com relação aos **membros superiores (MMSS)**, é necessário observar:

- **Mãos**
  - O aluno apresenta função completa, incluindo coordenação motora fina?
  - O aluno apresenta função parcial? Consegue fazer preensão? Como? Em que tipo de objeto? Precisa de adaptação?
- **Punho**
  - O aluno apresenta função completa (flexão, extensão, desvio radial e ulnar)?
  - O aluno apresenta função parcial? Consegue realizar quais movimentos?
- **Antebraço**
  - O aluno apresenta função completa (pronação e supinação)?
  - O aluno apresenta função parcial? Consegue fazer as atividades sem adaptação?
- **Cotovelo**
  - O aluno apresenta função completa (flexão e extensão)?
  - O aluno apresenta função parcial? Tem amplitude de movimento para lançar um objeto?

Na Figura 5.1, podemos observar um indivíduo nadando sem adaptação. Nesse caso, o professor deve ficar atento com relação ao alinhamento do aluno na água, em virtude da assimetria dos membros superiores.

Figura 5.1 Exemplo de atividade para pessoa com deficiência de membros

Will Amaro

- **Ombro**
  - O aluno apresenta função completa (flexão, extensão, abdução, adução, rotação medial e lateral, adução e abdução horizontal)?
  - O aluno apresenta função parcial? Qual é o limite do movimento?

As possibilidades funcionais também dependem do fato de o aluno utilizar uma prótese (ou não) e do tipo de prótese (existem diferentes tecnologias, com diferentes possibilidades de movimento).

A ausência de um segmento corporal, muitas vezes, faz com que o indivíduo apresente outras formas de fazer o necessário para manter a autonomia.

## 5.2 Adaptação de programas de treinamento, de *personal trainer*, de recreação e de aulas de educação física para alunos com amputação de membros inferiores

Com relação aos **membros inferiores (MMII)**, é necessário observar:

- **Quadril**
  - O aluno apresenta função completa (flexão, extensão, abdução, adução, rotação medial e lateral)?
  - O aluno apresenta função parcial? Tem amplitude de movimento suficiente para deambular e sentar-se? Precisa adequar a postura? Cabe destacar que as amputações transfemorais proximais ou a desarticulação de quadril costumam levar o aluno a compensações importantes com relação à postura do tronco.

- **Joelho**
  - O aluno apresenta função completa (flexão e extensão; quando em flexão, faz rotação medial e lateral)?
  - O aluno apresenta função parcial? Tem amplitude de movimento suficiente para deambular, sentar-se e realizar movimentos de chute, por exemplo? Precisa adequar a postura? As amputações transtibiais tendem a apresentar uma tendência à flexão. Portanto, deve-se, nesse caso, ficar atento ao alongamento de flexores de joelho e ao fortalecimento de extensores de joelho.
- **Tornozelo**
  - O aluno apresenta função completa (plantiflexão e dorsiflexão)? Cabe lembrar que a inversão e a eversão envolvem movimentos não somente do tornozelo, mas também de articulações do pé.
  - O aluno apresenta função parcial? Tem amplitude de movimento suficiente para deambular? Precisa aumentar a flexão de quadril para compensar a redução da dorsiflexão?
- **Pés** (presentes ou ausentes)
  - O aluno apresenta unção completa (bom apoio)?
  - O aluno apresenta função parcial? Tem apoio em antepé, retropé, bordo lateral ou medial? Precisa adequar a postura?

A qualidade e a manutenção das órteses e das próteses fazem a diferença para o aluno com relação ao trabalho do professor de educação física, pois possibilitam a realização de mais movimentos, com mais segurança e sem a necessidade de compensações.

Considerando-se os exemplos que já foram dados e os que serão mostrados na sequência, vale ressaltar que o mais importante é conhecer o aluno e apresentar-lhe desafios com diferentes graus de dificuldade. E até onde ele pode chegar? Não se deve tentar responder a essa questão, mas apenas ajudar o aluno a confiar e a fazer – respeitando-se o quadro de cada um.

O fundamental é oferecer oportunidades e diversificar as experiências corporais. Com relação à deficiência de membros, principalmente nos casos de amputação, vale lembrar novamente que os cotos também devem ser exercitados/movimentados. Quanto mais curtos eles forem, maior será o risco de encurtamento muscular, sendo que os cotos transtibiais (Figura 5.2) tendem a ficar em flexão (de joelho).

Figura 5.2 Amputação transtibial

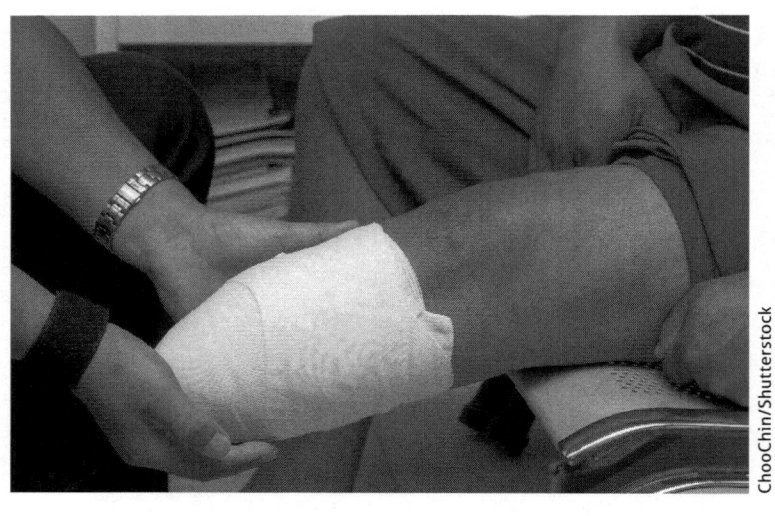

Já os cotos transfemorais, quanto mais curtos forem, mais tenderão a ficar na posição de flexão com abdução de quadril. Portanto, é preciso refletir sobre as posições compensatórias que devem ser praticadas durante as aulas de educação física com os alunos nessas condições.

Dessa forma, a necessidade de adaptação vai depender do tamanho e da funcionalidade do coto, bem como da qualidade das órteses e das próteses utilizadas. Vejamos, na Figura 5.3, um indivíduo com amputação em membro inferior direito realizando flexão de braço.

Figura 5.3 Exercício de indivíduo com amputação em membro inferior

Na Figura 5.4, o indivíduo com amputação em membros inferiores está realizando exercício de agachamento.

Figura 5.4 Exercício de agachamento de indivíduo com amputação em membro inferior

Andar de bicicleta também é possível, como podemos observar na Figura 5.5.

Figura 5.5 Indivíduo com amputação em membro inferior andando de bicicleta

Os exercícios e as atividades podem ser realizados sempre com adequações e conforme as possibilidades funcionais do indivíduo.

## 5.3 Adaptação de programas de treinamento, de *personal trainer*, de recreação e de aulas de educação física para alunos com espinha bífida e hidrocefalia

A espinha bífida é uma má-formação congênita que ocorre nas primeiras semanas de vida intrauterina, quando não acontece o fechamento completo do tubo neural. A incidência é maior na altura da coluna lombar.

Ela pode ser considerada como um não fechamento da coluna vertebral. A forma menos grave é chamada *espinha bífida oculta*. Costuma ocorrer em L5 ou S1 e não produz sintomas. A única evidência é um tufo de pelos na pele sobrejacente. Existem tipos de espinha bífida que apresentam a protrusão de meninges (membranas) e/ou medula espinhal com a presença de uma protuberância semelhante a um cisto que se projeta para fora da coluna vertebral (Tortora; Derrickson, 2014, p. 258), conforme podemos ver na Figura 5.6.

Quanto maior for o cisto e o número de estruturas neurais que ele contém, mais sérios serão os problemas neurológicos. Em casos graves, pode haver paralisia parcial ou completa, perda parcial ou total do controle voluntário da bexiga e do intestino e ausência de reflexos. Um aumento do risco de espinha bífida está associado a baixos níveis de vitamina B, chamada *ácido fólico*, durante a gravidez (Tortora; Derrickson, 2014).

Na Figura 5.6, vemos que, dependendo do tipo, há um maior risco de comprometimento funcional e de sensibilidade:

- **Espinha bífida oculta** – O indivíduo pode não apresentar nenhum sinal ou apresentar apenas uma porção pilosa ou uma mancha avermelhada.
- **Meningocele** – Apresenta meninges e líquido cefalorraquidiano (LCR).
- **Mielomeningocele** – Apresenta meninges, LCR e medula espinhal. É comum estar relacionada à hidrocefalia.

Figura 5.6 Tipos de espinha bífida

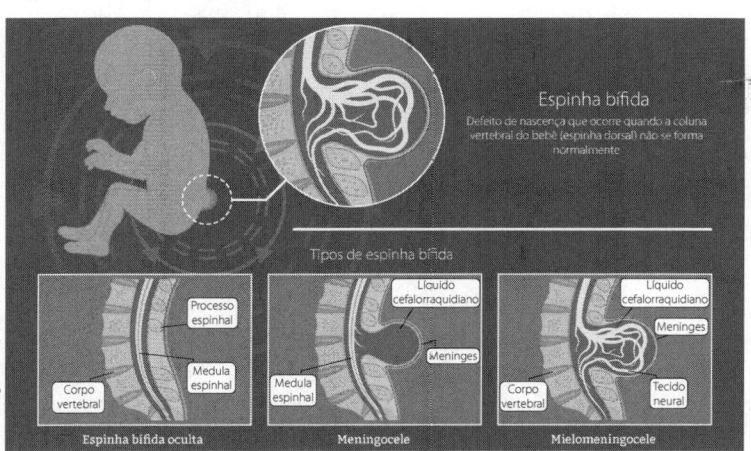

Segundo Volpe et al. (2017), a ventriculomegalia é definida como a presença de excesso de LCR sem o aumento dos ventrículos cerebrais. Já a hidrocefalia é uma condição na qual o excesso de LCR provoca o aumento do volume dos ventrículos, em virtude de um desequilíbrio entre a produção e a absorção desse líquido.

O LCR circula pelos ventrículos cerebrais e pelos espaços subaracnóideos. Para que possa exercer sua função protetora, ele precisa de vias íntegras para circular. Na Figura 5.7, podemos observar, do lado esquerdo, ventrículos normais e, do lado direito, ventrículos aumentados em função de acúmulo de LCR.

Figura 5.7 Acúmulo de LCR normal e em caso de hidrocefalia

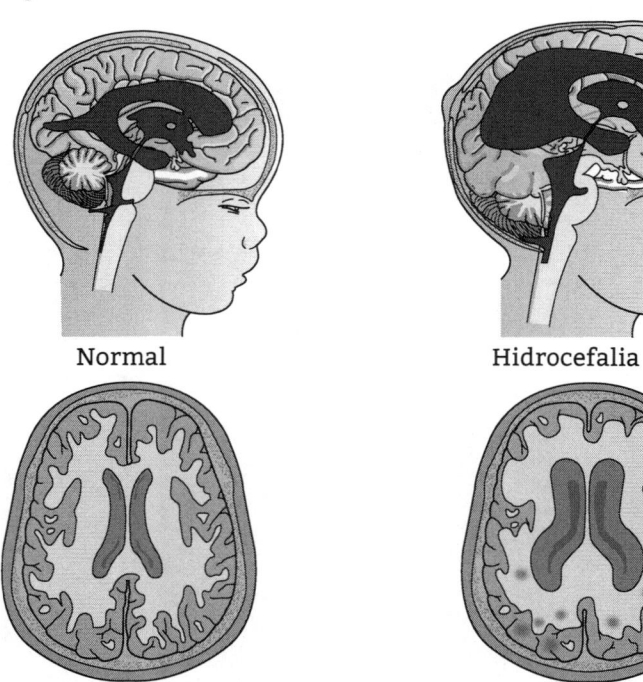

Em alguns casos, como na hidrocefalia, pode ocorrer algum tipo de problema no fluxo do liquor, classificado em dois tipos:

1. **Comunicante** – Quando ocorre uma grande produção e pouca absorção de LCR, o que provoca a elevação da pressão intracraniana, podendo levar ao aumento ventricular e à dilatação craniana.

2. **Não comunicante** – Quando ocorre uma obstrução no fluxo de LCR, que também pode provocar a elevação da pressão intracraniana e levar ao aumento ventricular e à dilatação craniana.

Apresentadas as principais características da espinha bífida e da hidrocefalia, vamos lembrar os cinco passos importantes para a elaboração de um plano de treinamento relacionados a essas condições:

1. **Compreender a necessidade do aluno** – Deve-se procurar saber as intenções do aluno, se ele quer realizar exercícios para melhorar os componentes da aptidão física ou praticar um esporte de alto rendimento. Os alunos com espinha bífida e/ou hidrocefalia podem ter diferentes tipos e níveis de comprometimento, desde leves, com liberação total para os exercícios, até os que limitam bastante a possibilidade de realizar atividade física. Portanto, o conhecimento dos exames médicos e, quando possível, o diálogo com o médico são de extrema relevância para a compreensão do caso.

2. **Conhecer as características do aluno** – Devem-se analisar aspectos como o tipo e o nível da lesão medular e consultar os exames já realizados e a opinião de outros profissionais, como médicos, psicólogos, terapeuta ocupacional, nutricionista e fisioterapeutas. Cabe lembrar que os tipos e os níveis de comprometimento podem variar muito.

3. **Elaborar o plano de treinamento** – Deve ser pensado apenas depois de entender o que o aluno deseja e quais são suas condições físicas e fisiológicas.
4. **Aplicar o plano de treinamento** – Deve-se observar o plano sendo executado e adequá-lo quando necessário.
5. **Reavaliar o aluno (e o plano de treinamento) periodicamente**.

Levando-se em conta que os níveis de comprometimento podem variar muito, para indicar uma atividade, é preciso, primeiramente, conhecer as condições clínicas do aluno.

No caso de o comprometimento ser leve, praticamente sem restrições para a realização de exercícios, o professor pode seguir os cinco passos e aplicar os testes de força e de sensibilidade conforme descritos anteriormente (ou conversar com outro profissional que os tenha feito).

Em alguns casos, são indicados apenas exercícios leves, que trabalhem a amplitude de movimento – a bocha pode ser uma boa opção. Além disso, podem ser realizadas atividades voltadas à educação paralímpica. A seguir, apresentamos alguns exemplos de atividades (para qualquer tipo de comprometimento):

- De forma simultânea ou em separado, é possível trabalhar os valores paralímpicos disponibilizando-se, por exemplo, pesquisa sobre a história de vida de atletas paralímpicos brasileiros.
- Pesquisas, fotos recolhidas e entrevistas são fartos materiais para criar um mural das modalidades e dos atletas por tipos de deficiência, regras e material utilizado. Essa ideia pode gerar uma mostra ou um museu itinerante e ser levada para outras escolas, hospitais e centros de reabilitação.

- Podem ser realizadas atividades do tipo caça-palavras com as modalidades paralímpicas de verão e de inverno.
- Nos lugares em que houver associações e clubes de esporte para pessoas com deficiência, há a possibilidade de agendar visitas dos alunos a essas instituições, bem como visita dos atletas à escola. Eventualmente, podem ser promovidos jogos amistosos formando-se times mistos, com deficientes e não deficientes.
- Os valores paralímpicos *inspiração* e *determinação* podem ser trabalhados no encontro de um atleta paralímpico da cidade com os alunos para uma entrevista ou um bate-papo sobre a história de vida do esportista.
- O vôlei sentado, o futebol de 5 e o *goalball* são modalidades paralímpicas que podem ser facilmente adaptadas e aplicadas nas turmas de alunos sem deficiência.
- Outras modalidades paralímpicas podem ser adaptadas e praticadas conforme as possibilidades do espaço e do equipamento disponíveis, promovendo-se a reflexão e a discussão sobre adaptações, respeito às diferenças e restrições e possibilidades nas atividades esportivas (Cidade, 2010).
- A acessibilidade física pode ser tema de debates e reflexões por meio de uma avaliação das instalações da escola.

Cada detalhe deve ser considerado para que as adaptações sejam adequadas conforme a necessidade do indivíduo.

## 5.4 Adaptação de programas de treinamento, de *personal trainer*, de recreação e de aulas de educação física para alunos com baixa estatura

O aluno com baixa estatura pode apresentar funcionalidade normal. As adaptações podem ser necessárias, como para qualquer estudante, a fim de evitar o uso de equipamentos e mobília com tamanhos inadequados que possam provocar compensações posturais.

O diagrama da Figura 5.8 mostra exemplos de desordens primárias e secundárias que podem provocar redução na velocidade de crescimento (VC) ou baixa estatura (BE).

Figura 5.8 Desordens primárias e secundárias do crescimento

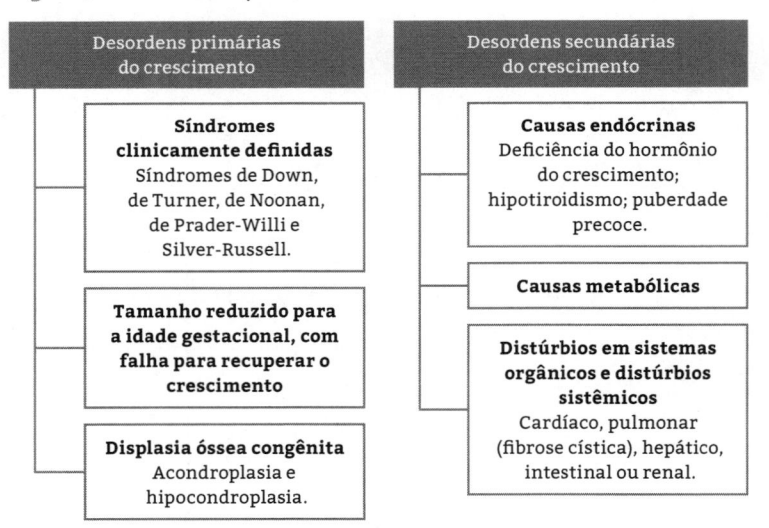

| Desordens primárias do crescimento | Desordens secundárias do crescimento |
|---|---|
| **Síndromes clinicamente definidas** Síndromes de Down, de Turner, de Noonan, de Prader-Willi e Silver-Russell. | **Causas endócrinas** Deficiência do hormônio do crescimento; hipotiroidismo; puberdade precoce. |
| **Tamanho reduzido para a idade gestacional, com falha para recuperar o crescimento** | **Causas metabólicas** |
| | **Distúrbios em sistemas orgânicos e distúrbios sistêmicos** Cardíaco, pulmonar (fibrose cística), hepático, intestinal ou renal. |
| **Displasia óssea congênita** Acondroplasia e hipocondroplasia. | |

Fonte: Elaborado com base em Haymond et al., 2013.

Para o aluno com BE, a única adaptação que costuma ser essencial é a ergonômica, para que ele não sofra sobrecargas desnecessárias em virtude do tamanho inadequado dos materiais, dos equipamentos e da mobília no ambiente escolar.

Para desenvolver atividades adequadas a alunos com BE, é necessário que o professor siga os cinco passos importantes para a elaboração de um plano de treinamento:

1. **Compreender a necessidade do aluno** – Deve-se procurar saber as intenções do aluno, se ele quer realizar exercícios para melhorar os componentes da aptidão física ou praticar um esporte de alto rendimento.
2. **Conhecer as características do aluno** – Devem-se consultar os exames já realizados e a opinião de outros profissionais, como médicos, psicólogos, terapeuta ocupacional, nutricionista e fisioterapeutas. Cabe lembrar que os tipos e os níveis de comprometimento podem variar muito.
3. **Elaborar o plano de treinamento** – Deve ser pensado apenas depois de entender o que o aluno deseja e quais são suas condições físicas e fisiológicas.
4. **Aplicar o plano de treinamento** – Deve-se observar o plano sendo executado e adequá-lo quando necessário.
5. **Reavaliar o aluno (e o plano de treinamento) periodicamente.**

Além dos exercícios físicos, também podem ser realizadas atividades para o aluno refletir sobre os valores paralímpicos e sobre a educação paralímpica. Uma sugestão é apresentar um texto, discuti-lo com as crianças e, em seguida, pedir a elas que preencham uma tarefa de palavras cruzadas.

### Exemplo prático

Vamos jogar palavras cruzadas? Primeiramente, sem as respostas, e, depois, com as respostas.

Preencha a cruzada a seguir com os valores paralímpicos:

1. Coragem
2. Determinação
3. Igualdade
4. Inspiração

|   | 2 |   |
|---|---|---|
|   | D |   |
| 1 C O R A G | E | M |
|   | T |   |
| 3 I G U A L D A D | E |   |
|   | R |   |
|   | M |   |
|   | I |   |
|   | N |   |
|   | A |   |
|   | Ç |   |
| 4 I N S P I R A Ç | Ã | O |
|   | O |   |

## 5.5 Adaptação de programas de treinamento, de *personal trainer*, de recreação e de aulas de educação física para alunos com má-formação congênita

A má-formação congênita é um comprometimento que acontece antes do nascimento e pode ter como causa fatores genéticos e ambientais, como falhas de morfogênese, infecção e anormalidades cromossômicas. Uma má-formação congênita de um membro é chamada de *dismelia* (Mavrogenis et al., 2018).

As más-formações congênitas são classificadas de acordo com a posição e a orientação dos segmentos ausentes ou com a alteração na formação. Assim, podem ser longitudinais (Figura 5.9) ou transversais (Figura 5.10). Tao et al. (2017) investigaram os estágios de desenvolvimento dos membros comparando o modelo padrão com as alterações genéticas.

Figura 5.9 Má-formação congênita longitudinal

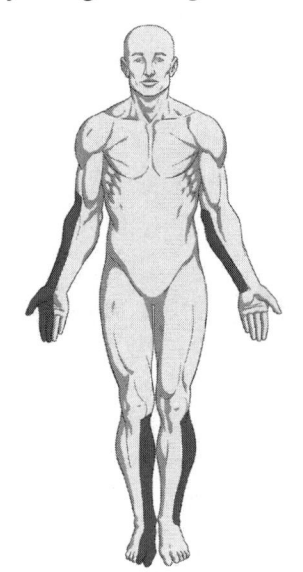

Fonte: Elaborado com base em Tao et al., 2017.

Figura 5.10 Má-formação congênita transversa

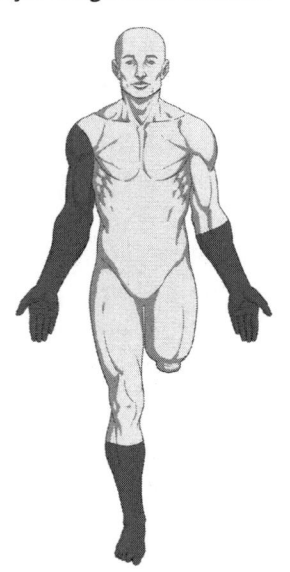

Fonte: Elaborado com base em Tao et al., 2017.

Para desenvolver atividades adequadas a alunos com má-formação congênita, é necessário que professor siga os cinco passos importantes para a elaboração de um plano de treinamento.

Mais uma vez, reforçamos a necessidade de investigar e conhecer os detalhes e as características funcionais do indivíduo.

### ||| *Síntese*

Neste capítulo, apresentamos exemplos de pessoas e atividades que nos fazem refletir sobre as possibilidades e as limitações funcionais. Muitas vezes, o difícil não é fazer a adaptação, pois a limitação pode estar apenas na cabeça do professor. Muitas adaptações são simples e podem ser feitas com materiais acessíveis. Então, os docentes precisam prestar atenção e aguçar a criatividade.

Nesse sentido, inicialmente, abordamos a amputação de membros superiores e de membros inferiores. Em seguida, mostramos algumas adaptações necessárias para alunos com espinha bífida e hidrocefalia. Considerando-se que os níveis de comprometimento podem variar muito, antes de indicar uma atividade, é fundamental conhecer as condições clínicas do aluno.

Quando o comprometimento for leve, praticamente sem restrições para a realização de exercícios, o professor pode seguir os cinco passos importantes para a elaboração de um plano de treinamento, além de realizar os testes de força e de sensibilidade ou consultar outro profissional que os tenha feito anteriormente.

Também analisamos algumas caraterísticas da pessoa com baixa estatura, ressaltando que, normalmente, as adaptações para esse tipo de comprometimento são apenas ergonômicas. Por fim, tratamos da má-formação congênita, indicando as possibilidades de atividades físicas para alunos nessa condição em diferentes contextos.

## Atividades de autoavaliação

1. Assinale a alternativa correta sobre os cotos:
   a) Nunca devem ser mobilizados.
   b) Também devem ser exercitados/movimentados. Quanto mais curtos forem os cotos, maior será o risco de encurtamento muscular. Os cotos podem ser transtibiais (tendem a ficar em flexão) e transfemorais (quanto mais curtos forem, mais tenderão a ficar na posição de flexão com abdução de quadril).
   c) Também devem ser exercitados/movimentados. Quanto mais longos forem os cotos, maior será o risco de encurtamento muscular. Os cotos podem ser transtibiais (tendem a ficar em extensão).

d) Também devem ser exercitados/movimentados. Quanto mais curtos forem os cotos, maior será o risco de encurtamento muscular. Os cotos podem ser transtibiais (tendem a ficar em extensão) e transfemorais (quanto mais longos forem, mais tenderão a ficar na posição de flexão com abdução de joelho).

e) Os cotos não apresentam movimento, principalmente quando há espasticidade.

2. Pode-se definir *deficiência de membros* como a ausência total ou parcial de ossos ou de articulações como consequência de:

a) trauma (por exemplo, amputação traumática), doença (por exemplo, amputação em virtude de um câncer ósseo), má-formação congênita de membros (por exemplo, dismelia) e problemas vasculares ou em virtude de uma infecção.

b) atetose, ataxia ou espasticidade.

c) baixa estatura.

d) atetose, trauma (por exemplo, amputação traumática) ou tetraparesia.

e) paraplegia em virtude de trauma ou infecção.

3. A espinha bífida é uma má-formação congênita que ocorre nas primeiras semanas de vida intrauterina, quando não acontece o fechamento completo do tubo neural. Dependendo do tipo, há um maior risco de comprometimento funcional e de sensibilidade. Sobre os tipos de espinha bífida, assinale a alternativa correta:

a) Na espinha bífida oculta, o indivíduo apresenta grande risco de perda funcional em virtude de uma porção pilosa ou de uma mancha avermelhada.

b) A meningocele é a que apresenta maior risco de perda do olfato.

c) O tipo com o maior risco de perda/alteração funcional e de sensibilidade é a mielomeningocele. Em muitos casos, o indivíduo também apresenta hidrocefalia.

d) Todos os alunos com espinha bífida apresentam lesão completa na medula espinhal
e) O tipo mais comum de espinha bífida é o da má-formação em membros superiores.

4. A baixa estatura pode acontecer em virtude de desordens primárias como:
   a) displasia óssea congênita (por exemplo, acondroplasia e hipocondroplasia).
   b) atetose.
   c) ataxia.
   d) espasticidade.
   e) paralisia espástica.

5. A _____ é uma condição na qual o excesso de líquido cefalorraquidiano provoca o aumento do volume dos ventrículos, em virtude de um desequilíbrio entre produção e absorção desse líquido. Assinale a alternativa que completa corretamente a sentença:
   a) hidrocefalia.
   b) atetose.
   c) paralisia cerebral.
   d) lesão medular.
   e) baixa estatura.

## Atividades de aprendizagem

*Questões para reflexão*

1. Reflita sobre as possibilidades de adaptação nos aparelhos de musculação para pessoas com má-formação congênita em membros superiores.

2. Reflita sobre as possibilidades de adaptação nos aparelhos de musculação para pessoas com má-formação congênita em membros inferiores.

*Atividade aplicada: prática*

1. Assista a uma aula de dança. Explique como você adaptaria essa aula para alunos com os diferentes tipos de deficiência descritos neste capítulo.

# Capítulo 6

## Outras manifestações na educação física adaptada

*Maria de Fátima Fernandes Vara*

**A**s atividades adaptadas podem ser realizadas em diferentes ambientes. Por isso, neste capítulo, veremos mais algumas atividades que o professor pode adaptar. Também comentaremos algumas tecnologias que foram criadas para auxiliar pessoas com diferentes tipos de comprometimentos. Por fim, mostraremos como elaborar projetos voltados ao desenvolvimento de atividades para pessoas com deficiência.

## 6.1 Esporte de aventura adaptado

Atividades ao ar livre, como montanhismo, *trekking*, arvorismo, *rafting*, caminhadas e outras, podem ser uma opção para o contato ou a aproximação com a natureza, a ampliação da rede de amigos ou o desenvolvimento de uma atividade de recreação para todos os indivíduos, com ou sem deficiência (Uehara; Sasaki, 1999).

Existe um tremendo potencial na realização de atividades recreativas na natureza para encorajar valores positivos incorporados em suas experiências. No entanto, precauções devem ser tomadas com relação à implementação da educação ao ar livre para pessoas com deficiência.

São muitos os desafios para desenvolver a melhor adaptação possível. Isso vai depender não só de questões materiais, do ambiente e dos demais profissionais envolvidos, mas sobretudo da capacidade do professor/técnico em criar condições que visem satisfazer as necessidades dos alunos com deficiência. É necessário compreender as características de cada tipo de comprometimento, as possibilidades funcionais, sensoriais e intelectuais, as restrições clínicas (se for o caso), os cuidados específicos e os padrões biomecânicos que devem ser personalizados para o indivíduo com base em um analise multifatorial.

Nesse contexto, devem-se criar diferentes modelos de adaptações que permitam ao aluno, de acordo com suas características, usufruir ao máximo da atividade. Ainda não existem modelos de adaptação diversificados para todas as necessidades e para todos os esportes de aventura; por isso, conhecer a dinâmica do ambiente e as características do praticante e combinar ambos os aspectos de forma que a atividade seja plenamente aproveitada é o grande desafio, tanto para o profissional de educação física quanto para todos os outros envolvidos.

Portanto, existe uma série de desafios potenciais para a implantação efetiva de uma atividade segura e, ainda assim, plena. Algumas reflexões devem ser feitas antes de iniciar a prática:

- Com relação à escolha da modalidade:
    - Qual é a natureza dos desafios a serem enfrentados no respectivo esporte de aventura, em um ambiente complexo, envolvendo a participação de uma pessoa com deficiência?
- Com relação à acessibilidade:
    - Qual é a melhor adaptação para que a pessoa com deficiência consiga ter o máximo de autonomia?
    - Quais são a sinalização e o equipamento necessários?
- Com relação às possibilidades funcionais e sensoriais:
    - Qual é a adaptação adequada conforme a necessidade individual dos alunos?
- Com relação à segurança:
    - Quais adequações dos equipamentos e dos serviços devem ser feitas para possibilitar a prestação de primeiros socorros, caso sejam necessários?

Ponderar sobre as atitudes e respeitar as necessidades individuais são as chaves para que o profissional de educação física possa trabalhar qualquer esporte de aventura com qualquer pessoa. As escolhas também vão depender da prática do aluno com relação à modalidade.

### 6.1.1 Exemplos de esportes de aventura e suas adaptações

Os esportes de aventura podem propiciar experiências riquíssimas, pois, além da atividade em si, as práticas levam a novas experiências próximo à natureza. A seguir, analisaremos alguns desses esportes e mostraremos adaptações pertinentes para que pessoas com diferentes tipos de deficiência possam usufruir dessas atividades.

- **Canoagem**

A canoagem é um esporte que permite a participação de pessoas de todas as idades e com diferentes níveis de comprometimento funcional e sensorial. O importante é que sejam utilizados barcos mais estáveis para os iniciantes e que a adaptação seja feita de acordo com a necessidade de cada aluno, como nos seguintes casos:

- Adaptação para pessoas com deficiência auditiva – Caso a atividade seja realizada por um grupo, cada um com um barco individual, a comunicação pode acontecer por meio de gestos ou de sinais visuais previamente acordados. Da mesma forma, caso seja utilizado o barco duplo (ou maior), a forma de comunicação deve ser visual ou tátil e previamente discutida.
- Adaptação para pessoas com deficiência visual – A Figura 6.1 mostra um barco duplo, que pode ser uma opção para a prática da canoagem por pessoa com deficiência visual. Ainda, conforme o ambiente (águas calmas, por exemplo), o professor pode remar em um barco próximo ao barco do aluno, fornecendo as orientações mediante comando verbal ou outro sinal sonoro previamente escolhido.

Figura 6.1 Prática de canoagem em barco duplo

- Adaptação para pessoas com deficiência intelectual – Considerando-se que existem diferentes tipos e níveis de comprometimento, é fortemente indicado que o professor oportunize atividades para observar e analisar as dificuldades e as habilidades do aluno. É comum que a pessoa com deficiência intelectual necessite de um maior número de repetições em cada etapa. Por isso, a prática deve iniciar com movimentos simples, com elevação do grau de dificuldade aos poucos. O professor deve persistir e incentivar o aluno. Recomendamos que a prática se inicie com um barco duplo para oferecer mais segurança à criança, até que ela consiga remar sozinha.
- Adaptação para pessoas com deficiência física – Nesse caso, a adaptação vai depender do nível de comprometimento apresentado pelo aluno, de acordo com os seguintes aspectos:
    a. O aluno tem controle de tronco?
        - Sim – ele não precisa de reforço no encosto.
        - Não – ele precisa de encosto mais alto ou mais reforçado.

b. O aluno movimenta os membros superiores?
- Sim – ele não tem necessidade de adaptação.
- Sim – porém, ele tem necessidade de adaptação para estabilizar determinados segmentos – por exemplo, caso o aluno tenha uma amputação do tipo desarticulação no punho, precisará de uma adaptação para "segurar" o remo.
- Não – nesse caso, o aluno pode usufruir da atividade em um barco duplo, com outro indivíduo remando.

c. O aluno movimenta os membros inferiores?
- Sim – ele não precisa de adaptação.
- Sim – porém, ele precisa de adaptação para estabilizar determinado segmento.
- Não – ele não necessita de adaptação para estabilizar determinado segmento.

A segurança é um dos principais fatores a serem considerados no desenvolvimento dessas atividades. Por isso, adaptações adequadas aumentam o nível de proteção e reduzem as possibilidades de desconfortos e/ou lesões.

### Rafting

O *rafting* é uma atividade que acontece dentro de um barco, em corredeiras. O professor deve sempre ficar atento ao grau de experiência do aluno e ao nível de comprometimento físico, intelectual e/ou sensorial para a escolha do tipo de corredeira, a fim de propiciar uma atividade segura. Nessa atividade, várias pessoas vão no mesmo barco, como mostra a Figura 6.2.

Figura 6.2 Prática de *rafting*

A necessidade de adaptação varia de acordo com o nível de comprometimento funcional e sensorial:

- Adaptação para pessoas com deficiência auditiva – A forma de comunicação deve ser visual e/ou tátil, previamente discutida.
- Adaptação para pessoas com deficiência visual – As orientações devem ocorrer mediante comando verbal ou outro sinal sonoro previamente discutido.
- Adaptação para pessoas com deficiência intelectual – Conforme o nível de comprometimento, deve-se optar por um percurso por águas mais calmas.
- Adaptação para pessoas com deficiência física – Nesse caso, a adaptação vai depender do nível de comprometimento; poderá ser necessário adaptar a forma como o aluno vai segurar o remo ou, ainda, o tipo de assento conforme o nível funcional de controle do tronco e dos membros inferiores.

### Arvorismo e tirolesa

O arvorismo e a tirolesa são atividades desafiadoras e interessantes. Contudo, por acontecerem em ambientes mais altos, é necessário ter atenção com relação aos equipamentos de segurança. Por exemplo, na Figura 6.3, não é possível afirmar se as crianças têm ou não deficiência, visto que nem todos os comprometimentos são visíveis – existem as deficiências sensoriais (visual e auditiva) e a intelectual, as quais, dependendo da situação, podem não ser percebidas.

Figura 6.3 Prática de arvorismo

Por isso, o professor deve sempre estar atento, respeitando os cinco passos importantes para um bom plano de treinamento e observando ainda os tipos de comprometimentos:

- Adaptação para pessoas com deficiência auditiva – A forma de comunicação deve ser visual e/ou tátil, previamente discutida.
- Adaptação para pessoas com deficiência visual – As orientações devem ocorrer mediante comando verbal ou outro sinal sonoro previamente discutido. Pode ser necessária a presença de um guia, pelo menos para a apresentação do ambiente no qual a atividade será realizada.
- Adaptação para pessoas com deficiência intelectual – Conforme o nível de comprometimento, o professor deve ficar atento com relação à forma de comunicação, com

explicações simples e claras e repetidas sempre que for necessário.

- Adaptação para pessoas com deficiência física – Conforme o nível de comprometimento, a acessibilidade pode ser um grande desafio para essa atividade. De acordo com o nível funcional de controle de membros superiores, tronco e membros inferiores, pode ser necessária uma cadeira adaptada ou uma adequação para apoio de membros superiores (se for o caso); com relação à tirolesa, se a "chegada" provocar movimentos bruscos, poderá ser contraindicada em alguns casos.

- **Montanhismo e *trekking***

O montanhismo (Figura 6.4) e o *trekking* (Figura 6.5) são atividades que podem apresentar como principal necessidade de adaptação a cadeira de rodas, que deve ter rodas adequadas para o ambiente e, em alguns casos, equipamento de segurança apropriado para auxiliar o indivíduo cadeirante em caminhos mais íngremes, com inclinação acentuada.

Figura 6.4 Prática de montanhismo

Figura 6.5 Prática de *trekking*

Os ambientes naturais são desafiadores para qualquer pessoa. Portanto, a presença de um guia que conheça o ambiente é imprescindível – a ajuda mútua é comum nesse tipo de atividade. As demais adaptações devem ser realizadas conforme comentado nos itens anteriores, de acordo com o nível de comprometimento físico, sensorial ou intelectual.

### Surf

Na prática do *surf*, o acesso à agua pode ser um grande desafio, por isso, no caso do aluno cadeirante, é importante que a cadeira seja adequada para circular na areia, como podemos observar na Figura 6.6.

Figura 6.6 Cadeira de rodas adequada para circular na areia

O *surf* é uma atividade que exige bastante atenção dos professores, considerando-se o ambiente em que ele acontece. As atividades costumam iniciar-se na areia, com o professor aumentando o desafio à medida que o aluno vai adquirindo experiência. As adaptações devem acontecer conforme as indicações dos esportes vistos anteriormente.

Tendo em vista esses exemplos de esportes de aventura que podem ser praticados por pessoas com deficiência, podemos perceber que, em todos os casos, a melhor adaptação vai depender do conhecimento do profissional com relação à deficiência do indivíduo, ao ambiente no qual a atividade será realizada e à própria atividade. Conhecimento, dedicação e vontade fazem toda a diferença para tornar a experiência de um esporte de aventura acessível a todos.

## 6.2 Tecnologia e inovação para pessoas com deficiência física

Em vários esportes, podemos observar a evolução dos recursos tecnológicos para a pessoa com deficiência física, tanto na questão da acessibilidade quanto na autonomia.

Com relação aos paradesportos, os resultados vêm mostrando a superação de limites dos atletas, graças a diversos fatores, como a melhor preparação dos profissionais de educação física (e demais envolvidos) e a inovação tecnológica dos equipamentos e dos materiais esportivos. Infelizmente, os materiais e os equipamentos "de ponta" ainda são muito caros, sendo reduzido o número de paratletas que conseguem adquiri-los.

Desde o início do movimento paralímpico, em meados do século XX, notamos o quanto a melhoria da qualidade dos equipamentos colaborou para a evolução de desempenho em diversas modalidades.

Nesse contexto, é possível mencionar as cadeiras de rodas, que hoje são mais leves e com desenho mais adequado às diferentes modalidades, como mostra a Figura 6.7 (cadeira de rodas utilizada no atletismo e cadeira de rodas utilizada no basquete).

Figura 6.7 Diferentes modelos de cadeiras de roda conforme o esporte

Will Amaro

Com relação às próteses, existem diversos modelos, tanto para as atividades da vida diária (Figura 6.8) quanto para as diferentes modalidades esportivas (Figura 6.9).

Figura 6.8 Exemplo de prótese utilizada no dia a dia

Figura 6.9 Um dos modelos de próteses esportivas

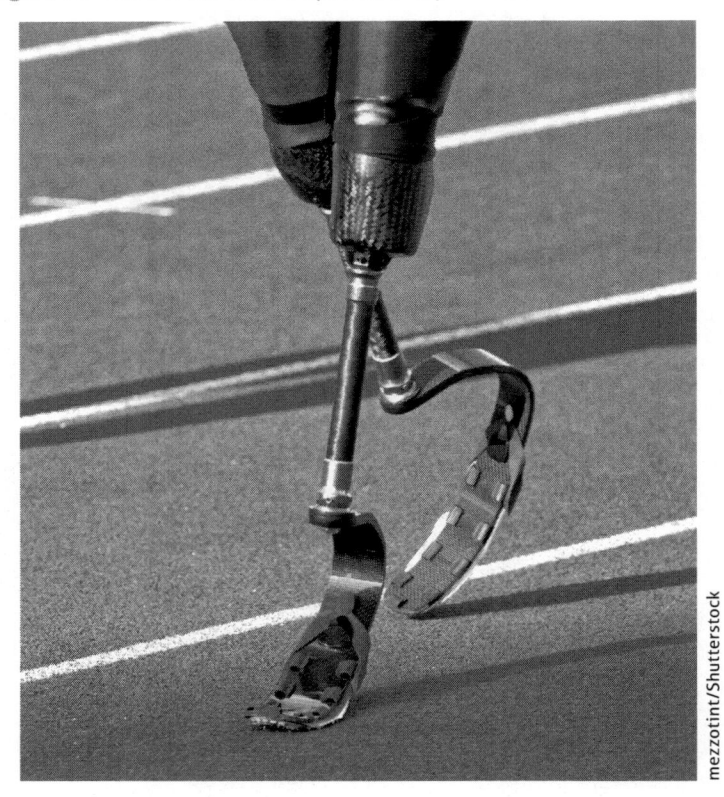

mezzotint/Shutterstock

Portanto, o desenvolvimento de novas tecnologias contribui para a melhoria tanto da qualidade de vida quanto do desempenho esportivo.

A impressão 3D também vem mostrando uma série de possibilidades, sendo produzidos desde próteses até assentos anatômicos personalizados.

Vale lembrar, ainda, que o desenvolvimento de equipamentos que melhoram a autonomia e a segurança para a prática de diferentes atividades faz a diferença no dia a dia da pessoa com deficiência ou com mobilidade reduzida. Entrar e sair de uma piscina pode ser muito simples, por exemplo, quando existe um equipamento adequado, como mostra a Figura 6.10.

**Figura 6.10** Equipamento para ajudar a pessoa com deficiência ou mobilidade reduzida a entrar na piscina

Alex Tor/Shutterstock

Existem também recursos tecnológicos que buscam ampliar as informações sobre acessibilidade e, no futuro, talvez possam contribuir para a melhoria da vida dos cidadãos, como é o caso de aplicativos sobre acessibilidade. Um exemplo é o aplicativo

Guiaderodas[1], que funciona de modo colaborativo e permite consultar e avaliar a acessibilidade dos locais, sendo muito interessante e gratuito.

Na Figura 6.11, é possível observar um equipamento que contribui no processo de reabilitação e no treinamento físico de pessoas com deficiência. Além da mobilidade, existe o estímulo visual, o que torna a atividade mais lúdica e interessante..

Figura 6.11 Novas tecnologias para o auxílio à marcha

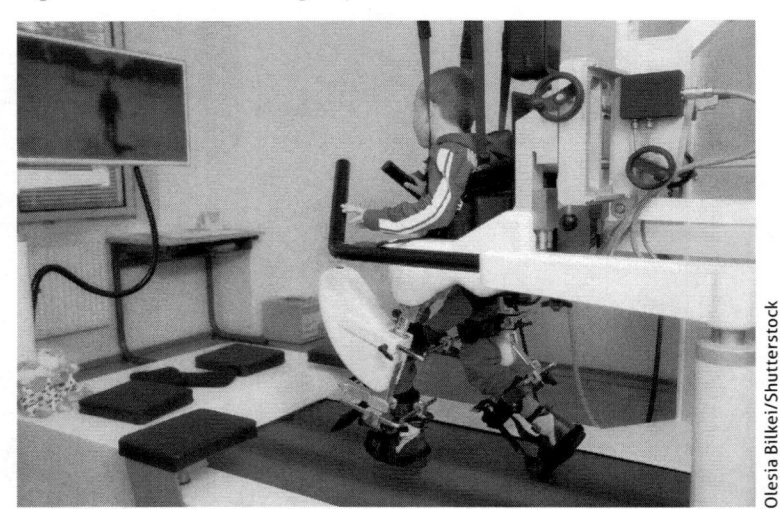

Olesia Bilkei/Shutterstock

## 6.3 Tecnologia e inovação para pessoas com deficiência intelectual, visual e auditiva

O desenvolvimento de novas tecnologias pode facilitar a vida de qualquer pessoa. Na sequência, veremos alguns exemplos

[1] APP GUIADERODAS. Disponível em: <https://guiaderodas.com/aplicativo-guiaderodas/#what-services-do-you-provide6d8e-4a87737a-5ee8e2cd-5ed8570d-e9fc6bcf-5bba3c9a-ad102bfc-8648>. Acesso em: 30 out. 2020.

de aparelhos e ferramentas que foram desenvolvidos para auxiliar pessoas com deficiência.

## 6.3.1 Deficiência intelectual

As pessoas com deficiência intelectual não participaram de duas Paralimpíadas em virtude de questionamentos e polêmicas sobre a classificação intelectual. Cabe lembrar que existem três tipos distintos de classificação no esporte paralímpico, cada um realizado por diferentes profissionais (na verdade, cada modalidade tem uma classificação específica):

1. **Classificação funcional** – Realizada com os atletas que apresentam deficiência físico-motora.
2. **Classificação visual** – Realizada com os atletas que apresentam deficiência visual.
3. **Classificação intelectual** – Realizada com os atletas que apresentam deficiência intelectual.

Diversas pesquisas vêm sendo desenvolvidas a fim de identificar critérios mais objetivos, baseados em evidências. Dessa forma, novas tecnologias estão contribuindo na busca de dados objetivos que mostrem a relação de aspectos motores com o nível de comprometimento intelectual na pessoa com deficiência intelectual, desde a base até o alto rendimento.

Van Biesen et al. (2016a) investigaram a relação entre aspectos cognitivos e habilidades motoras em jogadores de tênis de mesa com deficiência intelectual. Os autores avaliaram velocidade de reação, velocidade de decisão, visualização espacial, raciocínio lógico, memória e processamento visual. Os resultados apontaram que são obtidos melhores resultados quanto melhores forem a visualização espacial e a velocidade de reação. Em outro estudo, Van Biesen et al. (2016b) indicaram que, em uma prova de corrida, o ritmo é um componente importante. Durante a competição, os atletas devem definir e ajustar seu ritmo, baseados em sentimentos como o esforço percebido. Ainda, segundo os pesquisadores, vários estudos descreveram o ritmo como um processo de tomada de decisão (Van Biesen et al., 2016b).

Isso pôde ser constatado graças a câmeras, *hardwares* e *softwares* cada vez mais sofisticados, sendo que, quanto mais opções para estabelecer critérios objetivos de acompanhamento e observação houver e mais evidências científicas puderem ser produzidas, melhor será o resultado da análise do atleta, do aluno com deficiência e das próprias aulas. Além disso, a utilização de novas tecnologias, com ambientes virtuais mais atrativos, pode auxiliar o aprendizado da pessoa com deficiência intelectual.

### 6.3.2 Deficiência visual

A impressora 3D também oferece à pessoa com deficiência visual alguns recursos interessantes, como as maquetes, que lhe permitem perceber "o todo" de algo por meio do tato. Nesse sentido, podemos lembrar a fábula intitulada *Os cegos e o elefante* (Tahan, citado por Jacques, 2017) para refletir sobre como a interpretação do todo pode ser diferente quando o indivíduo só tem acesso a uma parte.

Alguns aplicativos podem auxiliar a pessoa com deficiência visual com relação à mobilidade e à comunicação. Um livro em braile (Figura 6.12) ocupa muito mais espaço do que as mesmas informações contidas em um *software*.

Figura 6.12 Livro em braile

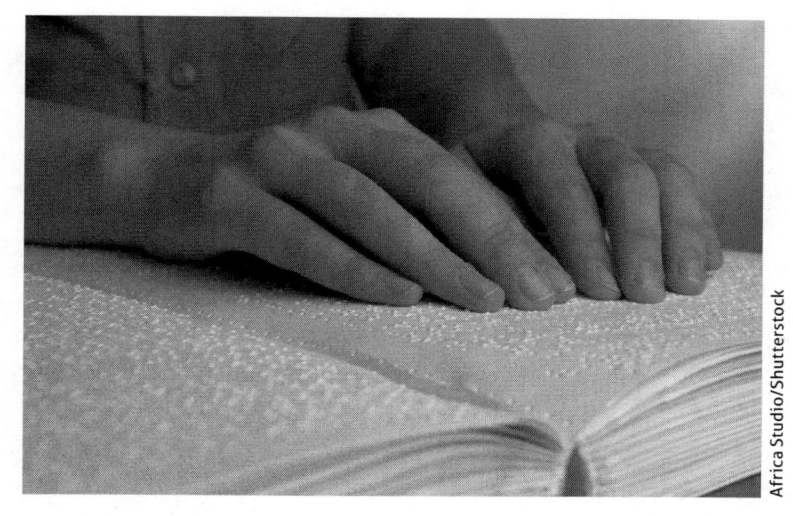

O acesso a novas tecnologias pode ajudar as pessoas com diferentes níveis de comprometimento visual. Quanto maior for o número de adaptações, maior será a riqueza de experiências.

## 6.3.3 Deficiência auditiva

A pessoa surda cresce, muitas vezes, rodeada por pessoas que acreditam não haver necessidade de adaptação para ela e, com frequência, é só na fase da adolescência que ela começa entender algumas coisas que lhes são ditas por meio da linguagem de sinais. Ela passa então a construir toda a sua organização mental por meio dessa língua e, assim, o português torna-se uma língua estrangeira para ela.

A língua portuguesa é para os surdos como uma segunda língua e, por isso mesmo, eles devem aprendê-la de modo sistemático, assim como as demais pessoas, ouvintes e falantes, aprendem o francês e o espanhol, por exemplo.

A grande questão é quando essas crianças surdas chegam à idade escolar e têm de enfrentar o sistema educacional. Elas passam a ser privadas de aprendizagem porque os professores, muitas vezes, não estão preparados para ensinar com uma metodologia que respeite suas rotas visuais e acabam seguindo os modelos de alfabetização de crianças ouvintes. Logo, se elas estão privadas de algumas atividades e/ou materiais, ficam alheias a muitas informações do mundo, e seus repertórios de informações podem ser prejudicados por conta disso.

Alguns recursos tecnológicos podem auxiliar o aluno surdo, como no caso de aplicativos que fazem a tradução do conteúdo para a Língua Brasileira de Sinais (Libras). Nesse contexto, o VLibras[2] "é um conjunto de ferramentas computacionais de código aberto, responsável por traduzir conteúdos digitais (texto, áudio e vídeo) para a Língua Brasileira de Sinais – LIBRAS, tornando computadores, celulares e plataformas Web acessíveis para pessoas surdas" (Brasil, 2020b).

Outro recurso tecnológico que vem contribuindo para a melhoria da qualidade de vida da pessoa com deficiência auditiva é a impressora 3D – nesse caso, com a possibilidade de impressão de aparelhos auditivos e fones de ouvidos personalizados.

## 6.4 Uso de material reciclável nas aulas de educação física adaptada

Muitas vezes, ouvimos professores reclamando da falta de alguns materiais para desenvolver as aulas de educação física. Dessa forma, sugerimos a utilização de materiais recicláveis, tanto para aumentar as possibilidades de atividades para as aulas quanto para promover a discussão sobre questões ambientais com os alunos, fomentando reflexões sobre a responsabilidade de todos pelo bem-estar do planeta. Assim, indicaremos algumas adaptações para duas modalidades paralímpicas: a bocha e o tênis de mesa.

---

[2] Disponível em: <https://www.vlibras.gov.br/>. Acesso em: 16 out. 2020.

## 6.4.1 Bocha paralímpica

O jogo pode acontecer em uma quadra, marcada conforme (ou de maneira semelhante) as regras oficiais. As bolas podem ser feitas com os seguintes materiais:

- Meias de diferentes texturas, preenchidas com papel, areia.
- Bexiga preenchida com farinha ou areia.

A seguir, sugerimos atividades derivadas da bocha, que também servem para treinar as noções de tempo e espaço e a lateralidade dos alunos.

### ▪ Boliche de garrafa pet

Utiliza garrafas PET de vários tamanhos, que podem ser preenchidas com distintas quantidades de água, areia, bolinhas de gude, pedrinhas ou feijão e "decoradas" com materiais de diferentes texturas.

### ▪ Acerte o alvo

Nessa variação, podem ser desenhados círculos no chão ou utilizados arcos de diferentes tamanhos (feitos de jornal ou de mangueira, por exemplo). Os alunos deverão acertar o centro e, dependendo de onde a bolinha alcançar, haverá uma pontuação, como indicado na Figura 6.13.

Figura 6.13 Atividade para acertar o alvo

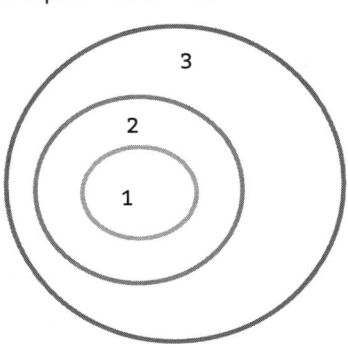

Caso algum aluno não consiga fazer a preensão, as bolas poderão ser lançadas com o auxílio de uma calha, como acontece com os atletas de bocha paralímpica, conforme vimos no Capítulo 4 (Figura 4.24). A calha pode ser confeccionada com tubo PVC ou papelão, ou seja, de acordo com o material disponível.

## 6.4.2 Tênis de mesa

O tênis de mesa paralímpico pode ser praticado por pessoas com deficiência física e intelectual. Porém, de forma recreativa (jogado em clubes, na escola e em outros locais), esse esporte pode ser praticado por pessoas com deficiência auditiva e visual.

É claro que o ideal é dispor do material conforme as normas oficiais. Contudo, quando isso não for viável, devem ser realizadas algumas adaptações para que a atividade fique o mais parecido possível com a real. No caso da modalidade considerada aqui, é preciso ter uma mesa. Exatamente na metade dela, coloca-se a redinha própria para separá-la em dois lados. Caso não se disponha da redinha, pode-se fazer uma utilizando um tubo PVC para o suporte, uma tela, um elástico (para segurá-la no suporte) e um tecido (para o acabamento)[3].

Para fabricar as raquetes, os materiais necessários são: cola, tesoura, lápis para contornar o molde, papelão ou capa de caderno e EVA (placa de etil, vinil e acetato). Depois de separados os materiais, segue-se o passo a passo:

I. Escolher um molde para a raquete (inteira).
II. Colar o molde em um papelão ou capa de caderno (dura).

---

[3] Sugerimos um vídeo do YouTube que mostra como elaborar uma redinha de tênis de mesa. Disponível em: <https://www.youtube.com/watch?v=mfVBQ2XeZOM>. Acesso em: 16 out. 2020.

III. Recortar o EVA e colar um pedaço de cada lado da raquete – se possível, com cores diferentes. Pode-se colar mais de uma peça de EVA em cada lado, até que a raquete fique bem resistente.

IV. Caso se queira deixar a raquete mais bem acabada, pode-se colar uma tira fina de EVA ou uma fita adesiva na borda lateral.

### Curiosidade

CORNILLEAU ping pong et tennis de table. **Improve your Ping Pong Skills**: Hitting the Ball. 19 mar. 2018. Disponível em: <https://youtube/1QKKBrp6UhM>. Acesso em: 16 out. 2020.

Conheça algumas opções de atividades relacionadas ao tênis de mesa.

## Adaptação para alunos com deficiência visual

A prática do tênis de mesa pode ser adaptada para que alunos com deficiência visual possam participar:

- Devem ser utilizadas bolinhas com guizo.
- A rede deve ser colocada a uma altura mais alta, para que o jogo aconteça com a bolinha sempre em contato com a mesa.
- Deve ser colada uma placa de papelão ou EVA de 3 cm em toda a lateral da mesa, conforme indicado na Figura 6.14, para que a bolinha não caia.

Figura 6.14 Adaptação da mesa para o aluno com deficiência visual

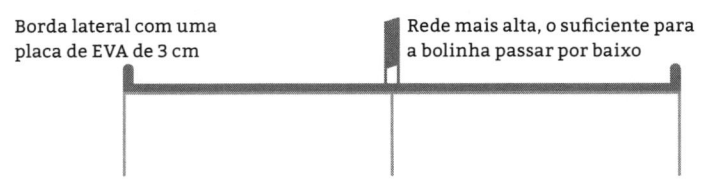

Borda lateral com uma placa de EVA de 3 cm

Rede mais alta, o suficiente para a bolinha passar por baixo

## ■ Adaptação para alunos com deficiência física

Da mesma forma, é possível adaptar o tênis de mesa para que alunos com deficiência física possam participar dessa atividade. A adaptação que sugerimos é chamada de *polybat* ou *tênis de mesa lateral*.

Nesse caso, devem ser colocadas placas de papelão ou EVA nas laterais da mesa para que a bola não saia da área do jogo. Embora as raquetes sejam diferentes das do tênis de mesa, elas também podem ser confeccionadas com papelão ou com capa de caderno. "O objetivo é rebater a bola para lançá-la para fora do lado adversário ou forçar uma falta e ganhar o ponto. As batidas diretas ou rebatidas na bola, muitas vezes em alta velocidade, resultam em um jogo animado e que requer esforço tanto dos competidores quanto dos espectadores" (Polybat, 2020, p. 1).

De acordo com as regras dessa adaptação,

- *A natureza do jogo requer um envolvimento no qual os oponentes executam as batidas diretamente ou via rebatidas nos lados (laterais) com o objetivo de rebater a bola para fora do lado do oponente ou forçando um ponto decisivo;*
- *O procedimento envolve a bola sendo colocada no jogo pela pessoa que está servindo com um legítimo lançamento. O receptor deve permitir o serviço a tocar o painel lateral apropriado antes de tentar jogá-la.* (Polybat, 2020, p. 2)

A Figura 6.15 mostra a mesa e as raquetes utilizadas no *polybat*.

Figura 6.15 *Polybat*

Will Amaro

## 6.5 Projetos como ferramentas de desenvolvimento do paradesporto

As organizações do terceiro setor (OTSs), sem fins lucrativos e de caráter público, funcionam como associações e fundações. Elas são muito importantes para o atendimento do interesse popular. Suprem uma lacuna do Estado e costumam ser mantidas por contribuições voluntárias e projetos sociais, entre outras formas (Voese; Reptczuk, 2011).

As instituições que fazem parte das OTSs costumam desenvolver projetos para a captação de recursos, pois é uma forma de manter algumas ações, como os projetos voltados ao paradesporto.

Você já deve ter ouvido falar sobre projetos em diferentes manifestações paradesportivas. Mas como e onde você pode investigar caso tenha interesse em escrever um projeto?

Existem algumas prefeituras que dispõem de uma lei de incentivo ao esporte municipal. Além disso, alguns estados oferecem possibilidades para a apresentação de projetos. Em âmbito federal, há a Lei de Incentivo ao Esporte – Lei n. 11.438, de 29 de dezembro de 2006 (Brasil, 2006) –, que permite que empresas e pessoas físicas invistam parte do que pagariam de Imposto de Renda em projetos esportivos aprovados pelo Ministério do Esporte. As empresas podem investir até 1% do valor, e as pessoas físicas, até 6% do imposto devido (Brasil, 2020a).

O Comitê Paralímpico Internacional – em inglês, International Paralympic Committee (ICP) – incentiva projetos voltados ao paradesporto por meio do programa Agitos Foundation (IPC, 2020a).

Na elaboração de um projeto, devem estar claras as seguintes questões:

- Quem pode ser o proponente? Pessoa física ou pessoa jurídica?
- No caso de pessoa jurídica, qual é sua característica jurídica para que possa ser proponente para determinado projeto? Trata-se de uma instituição municipal, estadual, federal ou internacional? Qual é o tempo de atuação que costuma ser determinante para o início do processo?
- Qual é a documentação necessária?
- Quais são os prazos envolvidos? Qual é o período em que o projeto deve ser enviado?
- O que pode ser contemplado (recursos humanos e materiais ou reformas)?
- Qual é a manifestação esportiva: a) participação (socialização, promoção da saúde, preservação do meio ambiente); b) educacional (alunos regularmente matriculados em instituição de ensino; no caso da Lei Federal n. 11.438/2006, 50% dos alunos devem estar matriculados em instituição pública); c) rendimento (com a finalidade de obter resultados ou *performance*)?

É comum que as instituições que oferecem a possibilidade de encaminhamento de projetos também apresentem os formulários e o modelo do formato em que devem ser enviados. Uma vez confirmados os dados e os documentos, quanto mais detalhado e claro estiver o projeto, maior será a chance de aprovação. Pode haver diferenças entre os modelos, mas alguns itens como objetivos, metodologia, resultados esperados e orçamentos (o número de orçamentos pode variar) são comuns a todos.

A forma de captação de recursos também pode ser distinta. No caso da Lei de Incentivo ao Esporte em âmbito federal, por exemplo, podem doar pessoas físicas ou jurídicas, e o percentual é estipulado com base no Imposto de Renda devido (Brasil, 2006). A prestação de contas também é comum a todos os projetos.

Então, caso haja interesse em desenvolver atividades com base em projetos, é necessário considerar todos esses itens e pesquisar nos *sites* das prefeituras e dos governos estaduais e federal (no Ministério do Esporte) todos os detalhes referentes a cada um deles.

## ⦙⦙⦙ Para saber mais

BRASIL. Ministério do Esporte. **Lei de Incentivo ao Esporte**. 2009. Disponível em: <https://www.youtube.com/watch?v=Cp4x3MAsHwE>. Acesso em: 16 out. 2020.

BRASIL. Ministério do Esporte. Secretaria Especial do Esporte. **Lei de Incentivo ao Esporte**: não custa nada. 26 dez. 2017. Disponível em: <https://www.youtube.com/watch?v=Cp4x3MAsHwE>. Acesso em: 16 out. 2020.

Sugerimos esses vídeos para que você se aprofunde nas diretrizes da Lei do Incentivo ao Esporte.

## ⦙⦙⦙ Síntese

Neste capítulo, apresentamos diferentes manifestações de atividades físicas adaptadas, como o esporte de aventura adaptado.

Nesse sentido, vimos que a prática de dessas modalidades, assim como dos esportes radicais, vem aumentando em todo o mundo. Com isso, a participação das pessoas com deficiência nessas atividades também está em evolução. Assim, é necessário compreender as características de cada tipo de deficiência, as possibilidades funcionais, sensoriais e intelectuais, as restrições clínicas (se for o caso), os cuidados específicos e os padrões biomecânicos que devem ser personalizados – baseando-se em uma análise multifatorial – para que essa inclusão ocorra da melhor maneira possível, visto que existe uma série de desafios potenciais para a implantação efetiva de uma prática segura e, ainda assim, plena.

Também observamos como a tecnologia e a inovação trazem benefícios para a pessoa com deficiência, tanto na questão da acessibilidade quanto na autonomia. Com relação aos paradesportos, os resultados vêm mostrando a superação de limites dos atletas, graças a diversos fatores, como a melhor preparação dos profissionais de educação física (e demais envolvidos) e a inovação tecnológica dos equipamentos e dos materiais esportivos.

Sugerimos, ainda, a utilização de materiais recicláveis nas aulas de educação física adaptada, com algumas ideias em duas modalidades: a bocha e o tênis de mesa. Por fim, apontamos fatores importantes para a elaboração de projetos como ferramenta de desenvolvimento do paradesporto.

## ⅠⅠⅠ *Indicação cultural*

*Filme*

INTOCÁVEIS. Direção: Olivier Nakache e Éric Toledano. França: California Filmes, 2011. 113 min.

O filme conta a história de uma amizade construída pelas diferenças e, acima de tudo, por respeito. Um homem tetraplégico escolhe um cuidador que, diferentemente dos outros, trata-o com foco em suas possibilidades, e não em suas dificuldades.

## ▪ Atividades de autoavaliação

1. Nos últimos anos, a participação da pessoa com deficiência em atividades esportivas vem crescendo, inclusive nos esportes de aventura. Dessa forma, o professor deve:
   a) criar diferentes modelos de adaptações que permitam ao aluno, de acordo com suas características, usufruir ao máximo da atividade. Ainda não existem modelos de adaptação diversificados para todas as necessidades e para todos os esportes de aventura; por isso, conhecer a dinâmica do ambiente e as características do praticante e combinar ambos os aspectos de forma que a atividade seja plenamente aproveitada é o grande desafio, tanto para o profissional de educação física quanto para todos os outros envolvidos.
   b) utilizar os materiais convencionais, pois existem modelos de adaptação diversificados para todas as necessidades e para todos os esportes de aventura.
   c) criar apenas um modelo padrão de adaptação, sem a necessidade de respeitar as características dos diferentes tipos de deficiência.
   d) criar diferentes modelos de adaptação, de acordo com as características do aluno, sem a preocupação de que ele usufrua ao máximo da atividade. Considerando-se que existem modelos de adaptação diversificados para todas as necessidades e para todos os esportes de aventura, não é importante conhecer a dinâmica do ambiente e as características do praticante nem combinar ambos os aspectos de forma que a atividade seja plenamente aproveitada.
   e) criar alguns modelos padrão de adaptação, independentemente das características dos diferentes tipos de deficiência.

2. Podemos observar a evolução dos recursos tecnológicos para a pessoa com deficiência física tanto na questão da acessibilidade quanto na autonomia. Com relação aos paradesportos:

   a) os resultados vêm mostrando a superação de limites dos atletas, graças a diversos fatores, como a melhor preparação dos profissionais de educação física (e demais envolvidos) e a inovação tecnológica dos equipamentos e dos materiais esportivos.
   b) não houve evolução no âmbito dos recursos tecnológicos.
   c) os resultados não apontam a superação de limites dos atletas nem a melhor preparação dos profissionais de educação física (e demais envolvidos).
   d) os resultados vêm mostrando a superação de limites dos atletas, graças a diversos fatores, sem a inovação tecnológica dos equipamentos e dos materiais esportivos.
   e) os resultados vêm mostrando que os atletas precisam de melhores cursos de formação em razão de diversos fatores, como mais vídeos de preparação dos profissionais de educação física (e demais envolvidos), e que a inovação tecnológica não é necessária para o aprimoramento do desempenho.

3. Van Biesen et al. (2016a) apontaram, em seu estudo, que, durante uma prova de corrida, o ritmo é um componente importante. Dessa forma, durante a competição:

   a) os atletas devem definir e ajustar seu ritmo baseados em sentimentos como o esforço percebido. Os autores ainda relatam que vários estudos descreveram o ritmo como um processo de tomada de decisão.
   b) os atletas devem manter o ritmo, sem relação com sentimentos como o esforço percebido. Os autores ainda relatam que vários estudos descreveram o ritmo como um processo de tomada de decisão.

c) os atletas não conseguem definir e ajustar o ritmo.
d) os atletas devem trabalhar apenas a velocidade.
e) os atletas devem definir e ajustar seus ritmos baseados em um cronômetro. Os autores ainda relatam que vários estudos descreveram o ritmo como um processo independente da tomada de decisão.

4. Com relação aos projetos esportivos, as manifestações esportivas dizem respeito às práticas que promovem:
   a) a socialização, o estímulo da saúde e a preservação do meio ambiente.
   b) a participação de alunos regularmente matriculados em escolas (no caso da Lei de Incentivo ao Esporte em âmbito federal, 50% devem estar matriculados em instituições públicas).
   c) as atividades com a finalidade de obter resultados.
   d) a participação em aulas de academia.
   e) a participação em aulas teóricas sobre equipamentos esportivos.

5. Com relação aos projetos esportivos, as manifestações esportivas educacionais dizem respeito às práticas que promovem:
   a) a socialização, o estímulo da saúde e a preservação do meio ambiente.
   b) a participação de alunos regularmente matriculados em escolas (no caso da Lei de Incentivo ao Esporte em âmbito federal, 50% devem estar matriculados em instituições públicas).
   c) as atividades com a finalidade de obter resultados.
   d) a participação em aulas de esporte de aventura.
   e) a participação em aulas sobre o meio ambiente.

## Atividades de aprendizagem

*Questões para reflexão*

1. Considerando que a participação da pessoa com deficiência em atividades esportivas vem crescendo, inclusive com relação aos esportes de aventura, investigue projetos de esportes de aventura para atender a esse público.

2. A canoagem propicia condições de liberdade para locomoção, pois dentro do caiaque as deficiências não aparecem ou são reduzidas. Em todos os casos, a paracanoagem, seja como prática de lazer, seja como competição, pode ser articulada como uma ferramenta para a educação ambiental. Reflita sobre como o esporte de aventura pode contribuir para o desenvolvimento de uma educação ambiental inclusiva, mais próxima da realidade.

3. Muitas vezes, ouvimos professores reclamando da falta de alguns materiais para desenvolver as aulas de educação física. Dessa forma, reflita sobre a utilização de materiais recicláveis, tanto para aumentar as possibilidades das aulas quanto para promover discussões sobre questões ambientais com os alunos, fomentando reflexões sobre a responsabilidade de todos pelo bem-estar do planeta. Neste capítulo, indicamos algumas adaptações para duas modalidades paralímpicas: a bocha e o tênis de mesa. Agora, sugerimos que você escolha outras modalidades e descreva como poderia utilizar materiais recicláveis para a confecção de equipamentos.

*Atividades aplicadas: prática*

1. Selecione um aplicativo que possa contribuir para a melhoria da comunicação de pessoas com deficiência auditiva, teste-o e observe se ele realmente traz boas possibilidades. Reflita sobre como esse aplicativo poderia beneficiar o aluno nas aulas de educação física.

2. Agora, selecione um aplicativo que possa contribuir para a melhoria da comunicação de pessoas com deficiência visual e siga a mesma proposta descrita na questão anterior.

# Considerações finais

Com este livro, não tivemos pretensão de fazer uma revisão extensiva e profunda da literatura pertinente ao tema, e sim de apresentar noções restritas a uma apresentação inicial dos aspectos considerados fundamentais para os profissionais da área de educação física. Como mencionamos na apresentação, nosso objetivo foi destacar algumas informações sobre as pessoas com necessidades especiais (ou condições peculiares) e sua participação nas atividades físicas elaboradas, adaptadas ou adequadas para atender às possibilidades e às potencialidades dos alunos. Considerando a complexidade e a riqueza dos temas que foram discutidos, gostaríamos de ressaltar certos aspectos que permearam o texto.

Inicialmente, salientamos que o referencial teórico utilizado foi dos clássicos da área, como Goffman (1982) e Elias e Scotson (2000), aos documentos mais atuais, como os recém-lançados eletronicamente em *sites* pertinentes, como o do Comitê Paralímpico Brasileiro e o do Comitê Paralímpico Internacional, e os relacionados à educação paralímpica, como o I'm Possible (IPC, 2020b) e o do Ministério do Esporte.

Ao longo de nosso percurso, realçamos que a escolha dos temas ocorreu no sentido de traçar uma trajetória que oferecesse ao mesmo tempo marcos históricos e base teórica e despertasse a vontade de conhecer mais sobre o assunto. Assim, esperamos ter propiciado a você, caro aluno, uma noção de algumas particularidades da pessoa com condições peculiares e os caminhos pedagógicos para que se possa, nesse contexto, planejar e aplicar um programa de trabalho no âmbito da educação física adaptada.

Desejamos, sinceramente, que o livro tenha lhe oferecido uma ideia geral da área e de alguns de seus muitos temas.

# Referências

AAIDD – American Association on Intellectual and Developmental Disabilities. **Definition**. Disponível em: <https://aaidd.org/intellectual-disability/definition>. Acesso em: 16 out. 2020.

ALISSON, E. Novo instrumento reduz tempo de aprendizado de braile. **Agência Fapesp**, 10 maio 2013. Disponível em: <https://agencia.fapesp.br/novo-instrumento-reduz-tempo-de-aprendizado-de-braille/17250/>. Acesso em: 16 out. 2020.

ALMEIDA, A. C. P. G de. Atividade física e deficiência auditiva. In: GORGATTI, M. G.; COSTA, R. F. da. (Org.). **Atividade física adaptada**: qualidade de vida para pessoas com necessidades especiais. 2. ed. rev. Barueri: Manole, 2008.

AMARAL, L. A. **Conhecendo a deficiência (em companhia de Hércules)**. São Paulo: Robe, 1995.

AMARAL, L. A. **Pensar a diferença/deficiência**. Brasília: Coordenadoria Nacional para Integração da Pessoa Portadora de Deficiência, 1994.

ANDE – Associação Nacional de Desporto para Deficientes. **Manual de classificação profissional**: 2009. 2. ed. Rio de Janeiro, 2009. Disponível em: <http://www.ande.org.br/wp/wp-content/uploads/2012/03/Manual_de_Classificacao_Funcional.pdf>. Acesso em: 16 out. 2020.

APA – American Psychiatric Association. **Manual diagnóstico e estatístico de transtornos mentais**: DSM-5. Tradução de Maria Inês Corrêa Nascimento et al. 5. ed. Porto Alegre: Artmed, 2015.

ARROXELLAS, R. et al. Bocha adaptada: análise cinemática do arremesso e sua relação com a realidade virtual. **Revista Brasileira de Ciências do Esporte**, Porto Alegre, v. 39. n. 2, p. 160-167, abr./jun. 2017. Disponível em <http://dx.doi.org/10.1016/j.rbce.2017.02.001>. Acesso em: 16 out. 2020.

ASIA – American Spinal Injury Association. Disponível em: <http://asia-spinalinjury.org/>. Acesso em: 16 out. 2020.

ASIA – American Spinal Injury Association. **International Standards for Neurological Classification of SCI (ISNCSCI) Worksheet**. 2019a. Disponível em: <https://asia-spinalinjury.org/international-standards-neurological-classification-sci-isncsci-worksheet/>. Acesso em: 16 out. 2020.

ASIA – American Spinal Injury Association. **Normas Internacionales para la Clasificación Neurológica de Lesión de la Médula Espinal (ISNCSCI)**. 2019b. Disponível em: <https://asia-spinalinjury.org/wp-content/uploads/2019/11/International-Standards-Worksheet-Spanish-Final_10_28_2019.pdf>. Acesso em: 16 out. 2020.

BISFED – Boccia International Sports Federation. **Boccia Classification Rules**. 4. ed. 2018. Disponível em: <http://www.bisfed.com/wp-content/uploads/2018/12/Boccia-Classification-Rules-4th-Edition-October-2018.pdf>. Acesso em: 16 out. 2020.

BOLSANELLO, M. A. **Educação especial e avaliação de aprendizagem na escola regular**: caderno 2. Curitiba: Ed. da UFPR, 2005. (Coleção Avaliação da Aprendizagem, v. 8).

BRASIL. Constituição (1988). **Diário Oficial da União**, Brasília, DF, 5 out. 1988.

BRASIL. Decreto n. 5.296, de 2 de dezembro de 2004. **Diário Oficial da União**, Poder Executivo, Brasília, DF, 3 dez. 2004. Disponível em: <http://www.planalto.gov.br/ccivil_03/_ato2004-2006/2004/decreto/d5296.htm>. Acesso em: 16 out. 2020.

BRASIL. Lei n. 11.438, de 29 de dezembro de 2006. **Diário Oficial da União**, Poder Legislativo, Brasília, DF, 29 dez. 2006. Disponível em: <http://www.planalto.gov.br/ccivil_03/_Ato2004-2006/2006/Lei/L11438.htm>. Acesso em: 16 out. 2020.

BRASIL. Lei n. 13.146, de 6 de julho de 2015. **Diário Oficial da União**, Poder Legislativo, Brasília, DF, 7 jul. 2015a. Disponível em: <http://www.planalto.gov.br/ccivil_03/_ato2015-2018/2015/lei/l13146.htm>. Acesso em: 16 out. 2020.

BRASIL. Comissão Nacional do Ano Internacional das Pessoas Deficientes. **Ano Internacional das Pessoas Deficientes**. Brasília, 1981. Disponível em: <http://www.dominiopublico.gov.br/download/texto/me002911.pdf>. Acesso em: 16 out. 2020.

BRASIL. Ministério da Cidadania. Secretaria Especial do Esporte. **Lei de Incentivo ao Esporte**. Disponível em: <http://www.esporte.gov.br/index.php/institucional/secretaria-executiva/lei-de-incentivo-ao-esporte>. Acesso em: 16 out. 2020a.

BRASIL. Ministério da Economia. Secretaria de Governo Digital. **VLibras**. Disponível em: <https://www.vlibras.gov.br/>. Acesso em: 16 out. 2020b.

BRASIL. Ministério da Educação. **Programa Educação Inclusiva: Direito à Diversidade**. Disponível em: <http://portal.mec.gov.br/par/194-secretarias-112877938/secad-educacao-continuada-223369541/17434-programa-educacao-inclusiva-direito-a-diversidade-novo>. Acesso em: 16 out. 2020c.

BRASIL. Ministério da Educação. Secretaria de Educação Especial. **Política Nacional de Educação Especial**. Brasília, 1994.

BRASIL. Ministério da Saúde. Secretaria de Atenção à Saúde. Departamento de Ações Programáticas Estratégicas. **Diretrizes de atenção à pessoa com paralisia cerebral**. Brasília, 2014. Disponível em: <http://bvsms.saude.gov.br/bvs/publicacoes/diretrizes_atencao_pessoa_paralisia_cerebral.pdf>. Acesso em: 16 out. 2020.

BRASIL. Ministério da Saúde. Secretaria de Atenção à Saúde. Departamento de Ações Programáticas Estratégicas. **Diretrizes de atenção à pessoa com lesão medular**. 2. ed. Brasília, 2015b. Disponível em: <http://bvsms.saude.gov.br/bvs/publicacoes/diretrizes_atencao_pessoa_lesao_medular_2ed.pdf>. Acesso em: 16 out. 2020.

BRASIL. Ministério do Esporte. **Segundo Tempo na Escola**. Materiais pedagógicos. Disponível em: <http://arquivo.esporte.gov.br/index.php/noticiasrio/150-ministerio-do-esporte/segundo-tempo-na-escola>. Acesso em: 16 out. 2020d.

BUENO, S. T.; RESA, J. A. Z. **Educación física para niños y niñas com necessidades educativas especiales**. Malaga: Aljibe, 1995.

BWF – Badminton World Federation. **Para badminton**. Disponível em: <https://corporate.bwfbadminton.com/para-badminton/>. Acesso em: 16 out. 2020.

CÂNDIDO, K. P.; SOUZA, J. C. de; OLIVEIRA, F. M. de. Perfil das pessoas com lesão por pressão na reabilitação: relação entre braden e dependência funcional. **Revista Enfermagem Atual**, Rio de Janeiro, v. 87, p. 1-9, abr. 2019. Edição especial. Disponível em: <https://revistaenfermagematual.com.br/index.php/revista/article/view/164>. Acesso em: 16 out. 2020.

CARMO, A. A. **Deficiência** física: a sociedade cria, "recupera" e discrimina. 2. ed. Brasília: Secretaria dos Desportos/PR, 1991.

CASPERSEN, C. J.; POWELL, K. E., CHRISTENSON, G. M. Physical Activity, Exercise, and Physical Fitness: Definitions and Distinctions for Health-Related Research. **Public Health Reports**, v. 100, n. 2, p. 126–131, Mar./Apr. 1985. Disponível em: <https://www.ncbi.nlm.nih.gov/pmc/articles/PMC1424733/pdf/pubhealthrep00100-0016.pdf>. Acesso em: 16 out. 2020.

CIDADE, R. E. A construção social da deficiência e do deficiente: uma breve incursão. In: RODRIGUES, D. (Org.). **Atividade motora adaptada**: a alegria do corpo. São Paulo: Artes Médicas, 2006. p. 17-27.

CIDADE, R. E. Inclusão, deficiência e valores paraolímpicos. In: OLIVEIRA, A. A. B. de; PIMENTEL, G. G. de A. (Org.). **Recreio nas férias e os valores olímpicos**. Maringá: Eduem, 2010. p. 57-68. Disponível em: <https://www.lume.ufrgs.br/bitstream/handle/123456789/139/recreio%20valores%20olimpicos.pdf?sequence=6>. Acesso em: 16 out. 2020.

CIDADE, R. E. et al. O uso de dicas específicas como estratégia de atenção seletiva em portadores de síndrome de Down. **Revista da Sociedade Brasileira de Atividade Motora Adaptada**, Rio Claro, v. 4, n. 4, p. 52-55, out. 1999.

CIDADE, R. E.; FREITAS, P. S. **Introdução à educação física adaptada para pessoas com deficiência**. Curitiba: Ed. da UFPR, 2009.

COMITÊ ORGANIZADOR DOS JOGOS OLÍMPICOS E PARALÍMPICOS RIO 2016. **Guia escolar paralímpico**. 2014. Disponível em: <https://docplayer.com.br/6391923-Guia-escolar-paralimpico.html>. Acesso em: 16 out. 2020.

CONSTANTE, S. A. R.; OLIVEIRA, V. C. Lesão por pressão: uma revisão de literatura. **Psicologia e Saúde em Debate**, v. 4, n. 2, p. 95-114, jul. 2018. Disponível em: <http://psicodebate.dpgpsifpm.com.br/index.php/periodico/article/view/V4N2A6/138>. Acesso em: 16 out. 2020.

CPB – Comitê Paralímpico Brasileiro. **Futebol de 5**. Disponível em: <http://www.cpb.org.br/modalidades/50/futebol-de-5>. Acesso em: 16 out. 2020a.

CPB – Comitê Paralímpico Brasileiro. **Parabadminton**. Disponível em: <https://www.cpb.org.br/modalidades/63/parabadminton>. Acesso em: 16 out. 2020b.

CPB – Comitê Paralímpico Brasileiro. **Parataekwondo**. Disponível em: <https://www.cpb.org.br/modalidades/64/parataekwondo>. Acesso em: 16 out. 2020c.

CRAFT, D. H.; LIEBERMAN, L. Deficiência visual e surdez. In: WINNICK, J. **Educação física e esportes adaptados**. Barueri: Manole, 2004. p. 181-206.

CRATTY, B. J. **Remedial Motor Activity for Children**. Philadelphia: Lea & Febiger, 1975.

CRÓS, C. X. et al. Classificações da deficiência visual: compreendendo conceitos esportivos, educacionais, médicos e legais. **Efdeportes**, Buenos Aires, ano 10, n. 93, feb. 2006. Disponível em: <http://www.efdeportes.com/efd93/defic.htm>. Acesso em: 16 out. 2020.

DÉA, V. H. S. D. **Se inclui**. Goiânia: Gráfica da UFG, 2017. Disponível em: <https://seinclui.ciar.ufg.br/textos/1-boas-vindas-e-apresentacao.html>. Acesso em: 16 out. 2020.

DEPAUW, K.; GAVRON, S. **Disability and Sport**. Champaign: Human Kinetics, 1995.

DUTRA, C. P.; GRIBOSKI, C. M. Educação inclusiva: um projeto coletivo de transformação do sistema educacional. In: SEMINÁRIO NACIONAL DE FORMAÇÃO DE GESTORES E EDUCADORES, 3., 2006, Brasília. **Anais**... Brasil: MEC/Seesp, 2006. p. 17-23.

ELIAS, N.; SCOTSON, J. **Os estabelecidos e os outsiders**: sociologia das relações de poder a partir de uma pequena comunidade. Rio de Janeiro: Zahar, 2000.

FERREIRA, S. Atividades motoras para deficientes auditivos. In: BRASIL. Ministério da Educação. **Educação física e desporto para pessoas portadoras de deficiência**. Brasília: MEC, 1994. p. 99-114.

FIGUEIREDO, R. V. de. A formação de professores para a inclusão dos alunos no espaço pedagógico da diversidade. In: MANTOAN, M. T. E. (Org.). **O desafio das diferenças nas escolas**. Petrópolis: Vozes, 2008. p. 141-145.

FLORES, L. J. F. et al. Avaliação da potência aeróbia de praticantes de rugby em cadeira de rodas através de um teste de quadra. **Motriz**, Rio Claro, v. 19, n. 2, p. 368-377, abr./jun. 2013. Disponível em: <https://www.academia.edu/14487477/Avalia%C3%A7%C3%A3o_da_pot%C3%AAncia_aer%C3%B3bia_de_praticantes_de_Rugby_em_Cadeira_de_Rodas_atrav%C3%A9s_de_um_teste_de_quadra>. Acesso em: 16 out. 2020.

FREITAS, P. S.; SANTOS, S. S. Fundamentos básicos da classificação esportiva para atletas paralímpicos. In: MELLO, M. T. de; OLIVEIRA FILHO, C. W. de. (Ed.). **Esporte paralímpico**. São Paulo: Atheneu, 2012. p. 3-14.

GASPAR, A. P. et al. Avaliação epidemiológica dos pacientes com lesão medular atendidos no Lar Escola São Francisco. **Acta Fisiátrica**, São Paulo, v. 10, n. 2, p. 73-77, 2003. Disponível em: <http://www.revistas.usp.br/actafisiatrica/article/view/102444/100761>. Acesso em: 16 out. 2020.

GEBARA, A. Estigma. **Revista da Sociedade Brasileira de Atividade Motora Adaptada**, v. 6, n. 1, p. 45-46, dez. 2001.

GIACOBBI JR. Esporte entre portadores de deficiência. **SuperAção**, Rio de Janeiro, v. 1, n. 1, mar. 1988.

GOFFMAN, E. **A Representação do eu na vida cotidiana**. Petrópolis: Vozes, 2008.

GOFFMAN, E. **Estigma**: notas sobre a manipulação de identidade deteriorada. 2. ed. São Paulo: Zahar, 1982.

GORGATTI, M. G.; TEIXEIRA, L. Deficiência motora. In: TEIXEIRA, L. **Atividade física adaptada e saúde**: da teoria à prática. São Paulo: Phorte, 2008. p. 377-396.

GUNEL, M. K. et al. Relationship among the Manual Ability Classification System (MACS), the Gross Motor Function Classification System (GMFCS), and the Functional Status (WeeFIM) in Children with Spastic Cerebral Palsy. **European Journal of Pediatrics**, v. 168, n. 4, p. 477-485, Apr. 2009.

HAYMOND, M. et al. Early Recognition of Growth Abnormalities Permiting Early Intervention. **Acta Pædiatrica**, v. 102, n. 8, p. 787–796, Aug. 2013. Disponível em: <http://onlinelibrary.wiley.com/doi/10.1111/apa.12266/full>. Acesso em: 16 out. 2020.

HISLOP, H. J.; MONTGOMERY, J. **Daniels and Worthingham's Muscle Testing**: Techniques of Manual Examination. 8. ed. St. Louis: Saunders Elsevier, 2007.

HISLOP, H. J.; MONTGOMERY, J. **Provas de função muscular**: técnicas de exame manual. Loures: Lusodidacta, 2008.

HUTZLER, Y.; HELLERSTEIN, D. Adapted Versus Adaptive Physical Activity. **Adapted Physical Activity Quarterly**, v. 33, n. 2, p. 33, 109-112, 2016.

ICF – International Canoe Federation. Disponível em: <https://www.canoeicf.com/>. Acesso em: 16 out. 2020.

IPC – International Paralympic Committee. **Agitos Foundation**. Disponível em: <https://www.paralympic.org/agitos-foundation>. Acesso em: 16 out. 2020a.

IPC – International Paralympic Committee. **International Standards for Eligible Impairments**. 2016a. Disponível em: <https://www.paralympic.org/sites/default/files/document/161004145727129_2016_10_04_International_Standard_for_Eligible_Impairments_1.pdf>. Acesso em: 16 out. 2020.

IPC – International Paralympic Committee. **I'm Possible**. Disponível em: <https://im-possible.paralympic.org/>. Acesso em: 16 out. 2020b.

IPC – International Paralympic Committee. **IPC Athlete Classification Code**. Bonn: IPC, 2015. Disponível em: <https://www.paralympic.org/sites/default/files/2020-05/170704160235698_2015_12_17%2BClassification%2BCode_FINAL2_0-1.pdf>. Acesso em: 16 out. 2020.

IPC – International Paralympic Committee. **Paralympic Sports**. Disponível em: <https://www.paralympic.org/sports>. Acesso em: 16 out. 2020c.

IPC – International Paralympic Committee. **What are the Paralympic Values?** Disponível em: <https://www.paralympic.org/feature/what-are-paralympic-values>. Acesso em: 16 out. 2020d.

IPC – International Paralympic Committee. **What Is the Qualifying Time for an IPC Athletics Marathon World Cup?** 2014. Disponível em: <https://www.paralympic.org/feature/what-qualifying-time-ipc-athletics-marathon-world-cup>. Acesso em: 16 out. 2020.

IPC – International Paralympic Committee. **World Para Swimming**. Disponível em: <https://www.paralympic.org/swimming>. Acesso em: 16 out. 2020e.

IPC – International Paralympic Committee. Official Website of the Paralympic Movement. **Paralympic Sports**: Equestrian. Disponível em: <https://www.paralympic.org/equestrian>. Acesso em: 16 out. 2020f.

IPC – International Paralympic Committee. Official Website of the Paralympic Movement. **Paralympic Sports**: Goalball. Disponível em: <https://www.paralympic.org/goalball>. Acesso em: 16 out. 2020g.

IPC – International Paralympic Committee. Official Website of the Paralympic Movement. **Paralympic Sports**: Powerlifting. Disponível em: <https://www.paralympic.org/powerlifting>. Acesso em: 16 out. 2020h.

IPC – International Paralympic Committee. Official Website of the Paralympic Movement. **Paralympic Sports**: Taekwondo. Disponível em: <https://www.paralympic.org/taekwondo>. Acesso em: 16 out. 2020i.

IPC – International Paralympic Committee. Official Website of the Paralympic Movement. **Sport Week**: Classification in Wheelchair Basketball. 2016b. Disponível em: <https://www.paralympic.org/news/sport-week-classification-wheelchair-basketball>. Acesso em: 16 out. 2020.

IPC – International Paralympic Committee. Official Website of the Paralympic Movement. **Sport Week**: Classification in Wheelchair Fencing. 2016c. Disponível em: <https://www.paralympic.org/news/sport-week-classification-wheelchair-fencing>. Acesso em: 16 out. 2020.

ITU – International Triathlon Union. Disponível em: <https://www.triathlon.org/search#q=classification>. Acesso em: 16 out. 2020.

IWRF – International Wheelchair Rugby Federation. Disponível em: <http://www.iwrf.com/?page=classification>. Acesso em: 16 out. 2020.

JACQUES, F. Por que todos deveriam ler Os cegos e o elefante. **FJacques**, 3 jul. 2017. Disponível em: <http://www.fjacques.com.br/por-que-todos-deveriam-ler-os-cegos-e-o-elefante/>. Acesso em: 16 out. 2020.

KAERCHER, P. L. K. et al. Escala de percepção subjetiva de esforço de Borg como ferramenta de monitorização da intensidade de esforço físico. **Revista Brasileira de Prescrição e Fisiologia do Exercício**, São Paulo, v. 12. n. 80, p. 1180-1185, jul./dez. 2018. Suplementar 3. Disponível em: <http://www.rbpfex.com.br/index.php/rbpfex/article/view/1603/1160>. Acesso em: 30 jun. 2020.

KREBS, P. Retardo mental. In: WINNICK, J. (Org.). **Educação física e esportes adaptados**. São Paulo: Manole, 2004. p. 125-144.

LADEWIG, I.; CIDADE, R. E.; LADEWIG, M. J. Dicas de aprendizagem visando aprimorar a atenção seletiva em crianças. In: TEIXEIRA, L. A. **Avanços em comportamento motor**. São Paulo: Movimento, 2001. p. 166-197.

LAFON, J. C. **A deficiência auditiva na criança**. São Paulo: Manole, 1989.

LOOVIS, E. M. Distúrbios comportamentais. In: WINNICK, J. **Educação física e esportes adaptados**. São Paulo: Manole, 2004. p. 105-121.

MACHADO, W. C. A. et al. Imagem corporal de paraplégicos: o enfrentamento das mudanças na perspectiva de pessoas com lesão medular. **Revista Enfermagem UERJ**, Rio de Janeiro, v. 24, n. 1, 2016. Disponível em: <https://www.e-publicacoes.uerj.br/index.php/enfermagemuerj/article/view/16125>. Acesso em: 20 maio 2020.

MACIEL, M. G. Atividade física e funcionalidade do idoso. **Motriz**, Rio Claro, v. 16, n. 4, p. 1024-1032, out./dez. 2010. Disponível em: <http://www.scielo.br/pdf/motriz/v16n4/a23v16n4.pdf>. Acesso em: 16 out. 2020.

MARCHESI, A.; MARTÍN, E. Da terminologia do distúrbio às necessidades educacionais especiais. In: COLL, C.; PALACIOS, J.; MARCHESI, A. **Desenvolvimento psicológico e educação**: necessidades educativas especiais e aprendizagem escolar. Porto Alegre: Artes Médicas, 1995. p. 9-23.

MATTOS, E. Esportes adaptados para portadores de deficiência física: Implicações e aplicações. In: SIMPÓSIO PAULISTA DE EDUCAÇÃO FÍSICA ADAPTADA, 3., 1990, São Paulo.

MATTOS M. G. de; NEIRA, M. G. **Educação física infantil**: construindo o movimento na escola. São Paulo: Phorte, 2004.

MAUERBERG-DECASTRO, E. **Atividade física adaptada**. Ribeirão Preto: Tecmedd, 2005.

MAVROGENIS, A. F. et al. Congenital Anomalies of the Limbs in Mythology and Antiquity. **International Orthopaedics**, v. 42, p. 957-965, 2018. Disponível em: <https://link.springer.com/content/pdf/10.1007%2Fs00264-018-3776-3.pdf>. Acesso em: 16 out. 2020.

MENESCAL, A. A criança portadora de deficiência visualizando seu corpo e descobrindo o mundo. In: SESI-DN. **Lazer, atividades física e esportiva para portadores de deficiência**. Brasília, 2001. p. 135-176.

MOJTAHEDI, M. C., VALENTINE, R. J.; EVANS, E. M. Body Composition Assessment in Athletes with Spinal Cord Injury: Comparison of Field Methods with Dual-Energy X-Ray Absorptiometry. **Spinal Cord**, v. 47, p. 698-704, 17 Mar. 2009. Disponível em: <https://www.nature.com/articles/sc200920>. Acesso em: 16 out. 2020.

MUELLER, D.; KNEUBUEHLER, P. A. Aplicação e análise dos efeitos de sessões de exercício físico aeróbico e de resistência aplicada na academia ao ar livre no controle da hipertensão arterial. **Revista Brasileira de Prescrição e Fisiologia do Exercício**, São Paulo. v. 10, n. 61, p. 663-669, set./out. 2016. Disponível em: <http://www.rbpfex.com.br/index.php/rbpfex/article/view/1048>. Acesso em: 16 out. 2020.

MUNSTER, M.; ALMEIDA, J. J. G. Atividade física e deficiência visual. In: GORGATTI, M. G.; COSTA, R. F. (Org.). **Atividade física adaptada**: qualidade de vida para pessoas com necessidades especiais. 2. ed. rev. e ampl. Barueri: Manole, 2008. p. 28-75.

MUSTACCHI, Z.; PERES, S. Genética bioquímica: erros inatos do metabolismo. In: MUSTACCHI, Z.; PERES, S. **Genética baseada em evidências**: síndromes e heranças. São Paulo: CID, 2000. p. 429-477. v. 1. Disponível em: <http://www.sindromededown.com.br/wp-content/uploads/2015/05/capitulo08.pdf>. Acesso em: 16 out. 2020.

NASCIMENTO, F.; MAIA, S. **Educação infantil**: saberes e práticas da inclusão. Brasília: MEC; Secretaria de Educação Especial, 2006.

NUNES, D. M.; MORAIS, C. R. de; FERREIRA, C. G. Fisiopatologia da lesão medular: uma revisão sobre os aspectos evolutivos da doença. **Getec**, v. 6, n. 13, p. 87-103, 2017. Disponível em: <http://www.fucamp.edu.br/editora/index.php/getec/article/view/1030/751>. Acesso em: 16 out. 2020.

OLIVEIRA, A. A. B. de et al. Planejamento do Programa Segundo Tempo: a intenção é compartilhar conhecimentos, saberes e mudar o jogo. In: OLIVEIRA, A. A. B. de; PERIM, G. L. (Org.). **Fundamentos pedagógicos do Programa Segundo Tempo**: da reflexão à prática. Maringá: Eduem, 2009. p. 239-297.

OMS – Organização Mundial da Saúde. **Relatório mundial sobre a deficiência**. São Paulo: SEDPcD, 2012. Disponível em: <https://apps.who.int/iris/bitstream/handle/10665/44575/9788564047020_por.pdf;jsessionid=4F5C0EDDB1C70AA0FF30343B03E7B725?sequence=4>. Acesso em: 16 out. 2020.

ONU – Organização das Nações Unidas. **Agenda 2030 para o Desenvolvimento Sustentável**. 2015. Disponível em: <http://www.agenda2030.org.br/>. Acesso em: 16 out. 2020.

ONU – Organização das Nações Unidas. Declaração de Salamanca: sobre Princípios, Políticas e Práticas na Área das Necessidades Educativas Especiais. In: CONFERÊNCIA MUNDIAL SOBRE NECESSIDADES EDUCACIONAIS ESPECIAIS, 1994, Salamanca, Espanha. Disponível em: <http://portal.mec.gov.br/seesp/arquivos/pdf/salamanca.pdf>. Acesso em: 16 out. 2020.

ONU – Organização das Nações Unidas. **Resolução n. 31/123, de 16 de dezembro de 1976**. Genebra: ONU, 1976.

OTTAIANO, J. A. A. et al. **As condições de saúde ocular no Brasil 2019**. São Paulo: Conselho Brasileiro de Oftalmologia, 2019.

PEDRINELLI, V. J. Educação física adaptada: conceituação e terminologia. In: BRASIL. Ministério da Educação. **Educação física e desporto para pessoas portadoras de deficiência**. Brasília: MEC, 1994a. p. 7-10.

PEDRINELLI, V. J. Educação física adaptada: introdução ao universo de possibilidades. In: GORGATTI, M. G.; COSTA, R. F. (Org.). **Atividade física adaptada**: qualidade de vida para pessoas com necessidades especiais. 2. ed. Barueri: Manole, 2008. p. 1-27.

PEDRINELLI, V. J. Pessoas portadoras de deficiência mental e a prática de atividades motoras. In: BRASIL. Ministério da Educação. **Educação física e desporto para pessoas portadoras de deficiência**. Brasília: MEC, 1994b. p. 63-73.

PEDRINELLI, V. J. Possibilidades na diferença: o processo de 'inclusão', de todos nós. **Revista Integração**, Brasília, ano 14, p. 34-38, 2002.

PELLEGRINI, A. M.; JUNGHAHNEL, V. **A educação física no ensino de primeiro grau e a pessoa portadora de deficiência**. São Paulo, 1985. Apostila digitada.

PEREIRA, C. U. et al. Disreflexia autonômica em lesado medular: revisão da literatura. **Jornal Brasileiro de Neurocirurgia**, n. 27, v. 4, p. 319-325, 2016. Disponível em: <https://jbnc.emnuvens.com.br/jbnc/article/download/1545/1415>. Acesso em: 16 out. 2020.

PÉREZ, J. C. (Coord.). **Deportes para minusvalidos físicos, psíquicos e sensoriales**. Madrid: Comité Olímpico Español, 1994.

PÉREZ, L. M. R. Actividades físicas y deficiencia mental: datos de investigación con implicaciones para la práctica. **Fisis**, Madrid, v. 1, n. 1, p. 91-111, 1991.

PÉREZ, L. M. R. **Competencia motriz**: elementos para comprender el aprendizaje motor en educación física escolar. Madrid: Gymnnos, 1995.

PERRONE, E. Investigação etiológica da deficiência intelectual. São Paulo: Instituto Apae de São Paulo, [S.d.]. Disponível em: <http://www.feapaesp.org.br/material_download/276_Investigacao%20Etiologica%20da%20DI.pdf>. Acesso em: 16 out. 2020.

POLYBAT. Disponível em: <http://www.ande.org.br/wp/wp-content/uploads/2012/01/Regras-do-Polybat.pdf>. Acesso em: 16 out. 2020.

RIBEIRO NETO, F.; LOPES, G. H. R. Análise dos valores de composição corporal em homens com diferentes níveis de lesão medular. **Fisioterapia em Movimento**, Curitiba, v. 26, n. 4, p. 743-752, set./dez. 2013. Disponível em: <https://www.scielo.br/pdf/fm/v26n4/a04v26n4.pdf>. Acesso em: 16 out. 2020.

RIBERTO, M. **Orientação funcional para a utilização da MIF**: medida de independência funcional (MIF para adultos). São Paulo: HC Fmusp, [S.d.]. Disponível em: <https://aprender.ead.unb.br/pluginfile.php/146659/mod_resource/content/1/Manual%20MIF2.pdf>. Acesso em: 16 out. 2020.

RIBERTO, M. et al. Validação da versão brasileira da medida de independência funcional. **Acta Fisiátrica**, São Paulo, v. 11, n. 2, p. 72-76, ago. 2004. Disponível em: <http://www.revistas.usp.br/actafisiatrica/article/view/102481>. Acesso em: 16 out. 2020.

ROCHA, H. (Coord.). **Ensaio sobre a problemática da cegueira**: prevenção, recuperação e reabilitação. Belo Horizonte: Fundação Hilton Rocha,1987.

RODRIGUES, D. As dimensões de adaptação de atividades motoras. In: RODRIGUES, D. (Org.). **Atividade motora adaptada**: a alegria do corpo. São Paulo: Artes Médicas, 2006. p 39-47.

ROSE, A. M. A origem dos preconceitos. In: DUNN, I. C. et al. **Raça e ciência II**. São Paulo: Perspectiva, 1972. p. 161-194. (Coleção Debates).

RUY, E. L.; ROSA, M. I. da. Perfil epidemiológico de pacientes com traumatismo crânio encefálico. **Arquivos Catarinenses de Medicina**, Florianópolis, v. 40, n. 3, p. 17-20, 2011. Disponível em: <http://www.acm.org.br/revista/pdf/artigos/873.pdf>. Acesso em: 16 out. 2020.

SANTOS, M. P. dos; SANTIAGO, M. C. Ciclo de formação de professores sobre inclusão em educação: em direção a uma perspectiva omnilética. In: REUNIÃO NACIONAL DA ANPED, 36., 2013, Goiânia. Disponível em: <http://36reuniao.anped.org.br/pdfs_trabalhos_aprovados/gt15_trabalhos_pdfs/gt15_2901_texto.pdf>. Acesso em: 16 out. 2020.

SÃO PAULO (Estado). Jogos Paralímpicos de 1984, em Nova York, nos Estados Unidos da América, e em Stoke Mandeville, na Inglaterra. Memorial da Inclusão: os Caminhos da Pessoa com Deficiência. Disponível em: <http://www.memorialdainclusao.org.br/br/exposicoes/tour-virtual/sala-04/paradesporto/jogos-paralimpicos/usa-1984/#:~:text=Os%20Jogos%20Ol%C3%ADmpicos%20de%201984,paralisia%20cerebral%2C%20defici%C3%AAncias%20visuais%20e>. Acesso em: 21 jul. 2020.

SCHNEIDER, I. L. M. et al. Aptidão física relacionada à saúde (resistência aeróbica) em escolares do gênero masculino do município de Concórdia, SC. **EFDeportes.com**, Buenos Aires, ano 19, n. 198, nov. 2014. Disponível em: <http://www.efdeportes.com/efd198/aptidao-fisica-saude-em-escolares.htm>. Acesso em: 16 out. 2020.

SEABRA JUNIOR, M. O.; MANZINI, E. J. **Recursos e estratégias para o ensino do aluno com deficiência visual na atividade física adaptada**. Marília: ABPEE, 2008.

SILVA, O. M. **A epopeia ignorada**: a pessoa deficiente na história do mundo de ontem e de hoje. 2. ed. São Paulo: Cedas, 1987.

SILVA, A.; VITAL, R.; MELLO, M. T. Deficiência, incapacidades e limitações que influenciam na prática do esporte paralímpico. In: MELLO, M. T. de; OLIVEIRA FILHO, C. W. de. (Ed.). **Esporte paralímpico**. São Paulo: Atheneu, 2012. p. 51-64.

SPOSITO, M. M. de M.; RIBERTO, M. Avaliação da funcionalidade da criança com paralisia cerebral espástica. **Acta Fisiátrica**, São Paulo, v. 17, n. 2, p. 50-61, 2010. Disponível em: <https://s3-sa-east-1.amazonaws.com/publisher.gn1.com.br/actafisiatrica.org.br/pdf/v17n2a01.pdf>. Acesso em: 16 out. 2020.

STAINBACK, S. et al. **Inclusão**: um guia para educadores. Porto Alegre: Artes Médicas Sul, 1999.

STROHKENDL, H. **The 50th Anniversary of Wheelchair Basketball**. Münster: Armand Tip Thiboutot, 1996.

TAO, H. et al. The Two Domain Hypothesis of Limb Prepattern and its Relevance to Congenital Limb Anomalies. **Wiley Interdisciplinary Reviews-Developmental Biology**, v. 6, n. 4, Jul. 2017. Disponível em: <https://www.ncbi.nlm.nih.gov/pmc/articles/PMC5679199/pdf/nihms884845.pdf>. Acesso em: 16 out. 2020.

TEIXEIRA, F. M. **Mutações cromossômicas e principais síndromes**. Monografia (Especialização em Genética) – Universidade Federal do Paraná, Foz do Iguaçu, 2015. Disponível em: <https://acervodigital.ufpr.br/bitstream/handle/1884/42204/R%20-%20E%20-%20FLAVIA%20MILENA%20TEIXEIRA.pdf?sequence=1&isAllowed=y>. Acesso em: 16 out. 2020.

TERRA, A. Saberes sensíveis no trânsito somático-dançante. In: WOSNIAK, C.; MARINHO, N. (Org.). **O avesso do avesso do corpo**: educação somática como práxis. Joinville: Nova Letra, 2011. p. 163-183. Disponível em: <http://www.ifdj.com.br/site/wp-content/uploads/2015/10/IV-Seminarios-de-Danca-O-Avesso-do-Avesso-do-Corpo.pdf#page=163>. Acesso em: 16 out. 2020.

THOM, T. et al. Heart Disease and Stroke Statistics – 2006 Update: a Report from the American Heart Association Statistics Committee and Stroke Statistics Subcommittee. **Circulation**, v. 14, n. 113, p. 85-151, 2006.

TIRO esportivo paralímpico. Disponível em: <http://www.inteligenciaesportiva.ufpr.br/site_api/arquivos/tiro-esportivo1.pdf>. Acesso em: 16 out. 2020.

TOQUE A TOQUE: Revista Técnica da Abradecar. Rio de Janeiro, ano 1, n. 1, set./out. 1988.

TORTORA, G. J.; DERRICKSON, B. **Principles of Anatomy and Physiology**. 14. ed. New York: Wiley, 2014.

UCI Cycling Regulations. **Part 16 Para-Cycling**. Disponível em: <https://www.uci.org/docs/default-source/rules-and-regulations/part-xvi--para-cycling.pdf?sfvrsn=47af1c56_34>. Acesso em: 16 out. 2020.

UEHARA, A. I.; SASAKI, K. The Possibility of Forest Activities in the Autistic Forest. **Journal of Leisure & Recreation Studies**, v. 40, p. 59-67, 1999.

UNICEF – Fundo das Nações Unidas para a Infância. **Deficiência infantil**: sua prevenção e reabilitação – Relatório da Reabilitação Internacional à Junta Executiva do Unicef. Brasília: Unicef, 1980.

VALE E SILVA, L. O. B. do et al. Análise das características de indivíduos com sequelas de traumatismo cranioencefálico (TCE) em um centro de referência em reabilitação (características de TCE). **Revista Brasileira de Neurologia**, v. 54, n. 2, p. 28-33, abr./maio/jun. 2018. Disponível em: <http://docs.bvsalud.org/biblioref/2018/07/907023/revista542v4-artigo4.pdf>. Acesso em: 16 out. 2020.

VAN BIESEN, D. et al. Cognitive Predictors of Performance in Well-Trained Table Tennis Players with Intellectual Disability. **Adapted Physical Activity Quarterly**, v. 33, n. 4, p. 324-337, Oct. 2016a. Disponível em: <https://www.ncbi.nlm.nih.gov/pubmed/27874301>. Acesso em: 16 out. 2020.

VAN BIESEN, D. et al. Pacing Profiles in Competitive Track Races: Regulation of Exercise Intensity is Related to Cognitive Ability. **Frontiers in Physiology**, v. 7, n. 624, Dec. 2016b. Disponível em: <https://www.ncbi.nlm.nih.gov/pmc/articles/PMC5167700/pdf/fphys-07-00624.pdf>. Acesso em: 16 out. 2020.

VARA, M. de F. F.; PACHECO, T. **Educação física e populações especiais**. Curitiba: InterSaberes, 2018.

VARELA, A. Desporto para as pessoas com deficiência: expressão distinta do desporto. **Educação Especial e Reabilitação**, Lisboa, v. 1, n. 5/6, jun./dez. 1991.

VOESE, S. B.; REPTCZUK, R. M. Características e peculiaridades das entidades do terceiro setor. **ConTexto**, v. 11, n. 19, p. 31-42, 1. sem. 2011. Disponível em: <http://www.seer.ufrgs.br/ConTexto/article/view/16314>. Acesso em: 16 out. 2020.

VOLPE, J. et al. **Volpe's Neurology of the Newborn eBook**. 6. ed. Amsterdam: Elsevier, 2017.

WINNICK, J. P. **Educação física e esportes adaptados**. 3. ed. Barueri: Manole, 2004.

WORLD PARA ATHLETICS. **Classification in Para Athletics**. Disponível em: <https://www.paralympic.org/athletics/classification>. Acesso em: 16 out. 2020.

WORLD PARAVOLLEY. **Sitting Volleyball**. Disponível em: <http://www.worldparavolley.org/disciplines/sitting-volleyball/>. Acesso em: 16 out. 2020.

WORLD ROWING. **Para-Rowing**. Disponível em: <http://www.worldrowing.com/para-rowing/>. Acesso em: 16 out. 2020.

WOSNIAK, C.; MARINHO, N. (Org.). **O avesso do avesso do corpo**: educação somática como práxis. Joinville: Nova Letra, 2011. Disponível em: <http://www.ifdj.com.br/site/wp-content/uploads/2015/10/IV-Seminarios-de-Danca-O-Avesso-do-Avesso-do-Corpo.pdf#page=163>. Acesso em: 16 out. 2020.

# Bibliografia comentada

BRASIL. Ministério do Esporte. **Segundo Tempo na Escola.** Materiais pedagógicos. Disponível em: <http://arquivo.esporte.gov.br/index.php/noticiasrio/150-ministerio-do-esporte/segundo-tempo-na-escola>. Acesso em: 16 out. 2020.

Esse material foi produzido em parceria com o governo britânico e adaptado à realidade brasileira. Trata-se de um trabalho pensado sob a perspectiva inclusiva, com inúmeros exemplos aplicados a alunos com deficiência. Apresentado em forma de cartões pedagógicos, cada unidade de ensino tem uma ilustração da atividade na parte da frente e as explicações pedagógicas na parte de trás.

OLIVEIRA, A. A. B. de; PIMENTEL, G. G. de A. (Org.). **Recreio nas férias e os valores olímpicos.** Maringá: Eduem, 2010. Disponível em: <https://www.lume.ufrgs.br/bitstream/handle/123456789/139/recreio%20valores%20olimpicos.pdf?sequence=6>. Acesso em: 16 out. 2020.

Esse é o segundo de uma série de três livros que o Ministério do Esporte disponibilizou com base na experiência com eventos de férias do Programa Segundo Tempo. Centrado em valores olímpicos, um dos capítulos trata de educação paralímpica e oferece várias sugestões de atividades que podem ser aplicadas tanto em aulas de educação física na escola quanto em colônias de férias ou em práticas pontuais. O texto ainda aborda questões teóricas sobre a deficiência, o lazer, a gestão e a organização de pequenos eventos. É uma obra excelente e criativa para orientar professores iniciantes.

# Respostas

## Capítulo 1
Atividades de autoavaliação
1. d
2. c
3. a
4. c
5. b

## Capítulo 2
Atividades de autoavaliação
1. d
2. b
3. a
4. c
5. e

## Capítulo 3
Atividades de autoavaliação
1. e
2. a
3. d
4. c
5. b

## Capítulo 4

Atividades de autoavaliação

1. a
2. a
3. c
4. c
5. a

## Capítulo 5

Atividades de autoavaliação

1. b
2. a
3. c
4. a
5. a

## Capítulo 6

Atividades de autoavaliação

1. a
2. a
3. a
4. a
5. b

# Sobre as autoras

**Maria de Fátima Fernandes Vara** é graduada em Educação Física (1990) pela Universidade Federal do Paraná (UFPR) e em Fisioterapia (1997) pela Universidade Tuiuti do Paraná (UTP); especialista em Anatomocinesiologia do Aparelho do Movimento (1995) pela UTP; mestre em Educação e Trabalho (2000), subárea Educação e Saúde, pela UFPR; e doutoranda em Tecnologia em Saúde pela Pontifícia Universidade Católica do Paraná (PUCPR). É professora de Educação Física Adaptada e Cinesiologia e fisioterapeuta da Associação dos Deficientes Físicos do Paraná (ADFP) e do Clube Duque de Caxias. Trabalhou no Comitê Organizador dos Jogos Olímpicos e Paralímpicos Rio 2016 e foi gerente de Serviço Esportivo Paralímpico de 2015 a 2016. Atualmente, é coordenadora--geral do Instituto Pan-Americano de Canoagem (IPCa) e chefe de classificação funcional – *Head of Classification* (HoC) – da Federação Internacional de Canoagem – International Canoe Federation (ICF).

**Ruth Eugênia Amarante Cidade** é graduada em Educação Física (1981) e em Fisioterapia (1986) pela Universidade Estadual de Londrina (UEL); especialista (1999) em Educação a Distância (EaD) pela Universidade Federal do Paraná (UFPR); mestre (1998) em Educação Física (área de Atividade Física e Adaptação) e doutora (2004) em Educação Física (área de Atividade Física, Adaptação e Saúde) pela Universidade Estadual de Campinas (Unicamp).

Foi professora de Educação Física Adaptada no Departamento de Educação física da UFPR de janeiro de 1994 a março de 2017, diretora do Centro de Educação Física e Desportos da UFPR de 1998 a 2000 e de 2015 a 2017; presidente da Sociedade Brasileira de Atividade Motora Adaptada (Sobama) de 2000 a 2001; consultora e coordenadora de equipe do Programa Segundo Tempo do Ministério do Esporte de 2007 a 2016; e diretora de esportes da Associação dos Deficientes Físicos do Paraná (ADFP) de julho de 2017 a março de 2019. Participou como pesquisadora dos Jogos Paralímpicos de Atlanta, nos Estados Unidos, em 1996, e de Sidney, na Austrália, em 2000, e como integrante da delegação brasileira nos Jogos Mundiais da Special Olympics em Shangai, na China, em 2007. É docente em instituições de curso superior desde 1982 e atua no planejamento e na execução de bancas de verificação e de atendimento especial do Núcleo de Concursos da UFPR desde 2001. Como autora, escreveu outros livros sobre o tema.

Impressão:
Novembro/2020